Ganesh

Castor Poche
Collection animée par
François Faucher et Martine Lang

Titre original :

GANESH

A C.G. Vasudevan,
mon élève, mon professeur, mon ami,
Om Sri Ganeshaya Namah.

Une production de l'Atelier du Père Castor

© 1981 Malcolm J. Bosse
Published by arrangement
with Thomas Y. Crowell – New York

© 1983 Castor Poche Flammarion
pour la traduction française et l'illustration

MALCOLM J. BOSSE

Ganesh

traduit de l'américain par
ROSE-MARIE VASSALLO

illustrations de
GÉRARD FRANQUIN

Castor Poche Flammarion

Malcolm J. Bosse, l'auteur, est né à Détroit. Il a poursuivi ses études à Moline dans l'Etat de l'Illinois. Il écrit depuis l'âge de quatorze ans et a obtenu de nombreuses citations pour ses romans et poésies aux universités de Harvard, Chicago, et du Michigan. Il fut le premier romancier américain à être invité par la république de Chine. De très nombreux périodiques publient ses nouvelles. Il est également co-éditeur de publications traitant du roman anglais au XVIIIe siècle, dont il est un spécialiste.

Malcolm J. Bosse trouve le temps de s'adonner à ses multiples passions.

« J'aime la mythologie, l'archéologie, nous dit-il, ainsi que l'art oriental et l'histoire du monde asiatique. Mais aussi la sculpture, la musique et plus particulièrement le jazz... Pour me relaxer, je pratique le yoga et le jogging car il est difficile de se partager entre les différents métiers d'écrivain, d'enseignant et de conférencier. Mais j'aime tout ce que je fais.

« Lorsque j'étais enfant, j'écrivais pour mon plaisir, maintenant c'est un moyen d'existence. Le côté le plus difficile du travail de l'écrivain, c'est la demande physique que cela implique.

« Durant mes déplacements fréquents, mon épouse française Marie-Claude et notre jeune fils Malcolm-Scott m'accompagnent toujours. Entre deux voyages nous vivons tous les trois à New York.

« J'ai écrit *Ganesh* pour présenter les contrastes entre deux cultures que je connais bien pour les avoir partagées : la culture occidentale et la culture orientale. Je m'adresse à un lecteur de plus de dix ans comme à un adulte. »

Ganesh est le dixième ouvrage de M. J. Bosse dont plusieurs sont publiés dans des collections pour adultes.

Du même auteur, traduit en français :
Les 79 carrés - Castor Poche n° 130

Rose-Marie Vassallo, la traductrice, vit en Bretagne, près de la mer, avec son mari et ses quatre enfants, grands dévoreurs de livres. Entre ses multiples activités, Rose-Marie s'installe devant sa machine à écrire... Il en sort des textes publiés dans les Albums du Père Castor et des traductions pour la collection Castor Poche.

« Lorsque l'on vient de lire un livre et d'y prendre plaisir, dit-elle, on éprouve le désir de le propager. Et l'on s'empresse de le prêter à qui semble pouvoir l'aimer. Mon travail de traductrice ressemble à cette démarche; j'essaie par là, tout simplement, de partager ce qui m'a plu.

« Ce que j'aime dans *Ganesh*, c'est qu'il s'agit d'un livre *"qui force la discussion"*, car il n'y a pas seulement là, posée de manière particulièrement poignante et pressante, une interrogation sur la séparation et la mort, mais aussi la vision pénétrante du choc de deux cultures (de leurs habitudes alimentaires à leurs croyances les plus profondes). Il est impossible de ne pas s'interroger, de plus, sur la valeur et les limites de la résistance non violente, sur ce qui compte et ne compte pas dans la vie... En fait, le livre tout entier est une immense remise en question ironique, amicale et sceptique de toutes les valeurs humaines. »

Ganesh

Les quatorze premières années de sa vie, Jeffrey les a passées en Inde où ses parents, venus d'abord pour affaires, avaient choisi de rester, adoptant le mode de vie indien, la religion et les croyances hindoues.

Une tragédie vient déraciner Ganesh (c'est le nom indien de Jeffrey) de son Inde natale et le force à gagner cette Amérique du Nord d'où ses parents étaient originaires. Une Amérique dont il ne sait rien et où il va se retrouver, malgré ses yeux bleus et ses taches de rousseur, un parfait étranger. Entre ses camarades et lui, c'est l'incompréhension mutuelle, doublée d'indifférence.

Pourtant Ganesh s'intègre peu à peu. Mais une menace inattendue vient remettre tout en question, et bouleverser non seulement sa vie, mais aussi celle de ses nouveaux amis...

PREMIÈRE PARTIE

Chapitre 1

Sitôt sorti de l'école de la mission, Jeffrey fit halte, le temps de s'enrouler autour de la tête, à la manière d'un turban, un long morceau d'étoffe. Il avait beau avoir vécu les quatorze années de sa vie en Inde, Jeffrey, avec sa peau de blond, était toujours aussi vulnérable au soleil indien. S'il ne se couvrait pas la tête, il risquait fort l'insolation. De toute façon, à la saison chaude, on ne voyait pratiquement personne circuler sans une quelconque protection – turban, ombrelle, mouchoir aux coins noués, voire n'importe quel couvre-chef improvisé, en papier de journal.

Plusieurs kilomètres séparaient le village de l'école de la mission, et Jeffrey se mit en route, ses livres en bandoulière au bout d'une vieille ceinture. L'air chaud dansait dans le soleil, ondulant comme un serpent au-dessus du goudron surchauffé, et les yeux bleus de Jeffrey souffraient de ces remous aveuglants. La chaleur du sol, malgré ses sandales, lui brûlait la plante des pieds à travers ses semelles, et il dut faire halte, au bout d'un moment, pour se rafraîchir un instant. Il s'arrêta au pied d'un vieux figuier banyan au tronc tourmenté; un vol d'aigrettes blanches était posé non loin de là, immobile, à la lisière d'un champ de riz. Malgré leur goût marqué pour les grains mûrissants, les oiseaux n'osaient pas s'aventurer dans la rizière : un épouvantail dépenaillé montait la garde au beau milieu. Durant quelques minutes, adossé au tronc noueux, Jeffrey laissa son regard errer à la dérive, au fil lent du ruisseau qui longeait le chemin. La surface de l'eau était mouchetée, d'un bord à l'autre, de centaines de boutons de lotus, tout prêts à éclore leurs fleurs blanc et pourpre; on aurait dit un verger liquide, sous le feu torride de l'été. Jeffrey réajusta son turban et quitta l'ombre de son arbre.

Il atteignait les abords du village. La route était à présent bordée de maisonnettes rudimentaires, aux murs de torchis et coiffées de chaume. A l'intérieur, dans la pénombre, des hommes buvaient du thé à petites gorgées, ou réparaient des bicyclettes, ou vendaient de la poudre de curcuma. A l'entrée de l'une de ces habitations, sur une natte de bambou, quatre hommes jouaient aux cartes, tandis qu'un petit poste de radio, par-derrière, distillait de la musique de film. L'un d'eux adressa à Jeffrey un grand sourire, ponctué d'un signe de la main, que le garçon lui rendit.

– Eh, Ganesh, il t'arrive de les ouvrir, ces livres? taquina l'homme en riant de toutes ses dents.

Ganesh était le nom indien de Jeffrey.

– Joue donc! lui dit un autre en abattant une carte, l'air agacé.

L'échange avait eu lieu en tamil, que Jeffrey parlait aussi bien que l'anglais.

Au cœur du village, la circulation devenait intense et animée. Tout semblait se mouvoir, dans toutes les directions – vélos, scooters, vaches, chèvres, chiens et humains... De partout fusaient des sons variés, des bruits en tout genre, depuis le grincement des chaînes de vélos jusqu'au cri répété d'un affûteur de ciseaux ambulant, en passant par toutes sortes de bêlements, de meuglements et d'aboiements divers. Jeffrey quitta bientôt la route goudronnée pour un étroit chemin de terre, bordé de part et d'autre de palmiers, de bananiers et de murs blancs, le long de jardins privés. Il s'arrêta devant une grille de métal, fit jouer le loquet, et pénétra à l'intérieur d'une propriété.

La maison, qui comportait un étage, avait jadis été jaune, mais les moussons répétées, battant ses murs, y avaient déposé une sorte de boue grise. Dans la cour poussaient une demi-douzaine de manguiers; à cette époque de l'année, ils perdaient leurs feuilles en abondance, en même temps d'ailleurs que les pétales poisseux de leurs petites fleurs jaunes. Jeffrey jeta un coup d'œil sur cette jonchée, et il étouffa un soupir : le travail n'allait pas lui manquer. Comme il déposait ses livres sur la terrasse, une voix lui parvint de l'intérieur de la demeure, qui donnait des ordres avec vivacité.

– Plus haut! Plus haut! Et maintenant, retenez votre souffle! Plus haut! Voilà! Mais gardez la position!

Un balai attendait, appuyé contre un mur – un balai indien, sans manche, uniquement constitué d'écorces de bambou nouées à une extrémité. Jeffrey s'en empara et, se penchant, se mit à balayer la cour. Il balayait avec ardeur, d'un mouvement ample et régulier; quiconque l'aurait vu à l'ouvrage en aurait sans doute déduit que Jeffrey n'aimait rien tant que balayer. Et c'était bien l'impression que Jeffrey comptait donner. Le Maître pouvait toujours jeter un coup d'œil par la fenêtre. S'il voyait Jeffrey gâcher la besogne et l'expédier à la sauvette, il saurait le lui rendre : il lui bâclerait sa leçon de yoga, l'expédierait à la sauvette. La chose s'était produite, un jour, un an plus tôt – peu après, justement, qu'il eut accepté de donner des leçons à Jeffrey contre un peu de travail au jardin : ce jour-là, Jeffrey, qui manquait de cœur à l'ouvrage, s'était contenté de balayer vaguement quelques feuilles. Le Maître, en retour, l'avait gratifié d'une leçon sans âme, et longue de quelques minutes seulement; sur quoi il l'avait renvoyé chez lui.

Sa besogne menée à bien, Jeffrey essuya ses sourcils pleins de sueur. Le Maître lançait d'autres injonctions à l'un de ses élèves. Jeffrey en eut le sourire; à cette heure de la journée, l'élève en question devait être quelque fonctionnaire du gouvernement, accablé de l'embonpoint du parfait sédentaire, et à qui ses médecins venaient de prescrire un peu de yoga.

Jeffrey rassembla feuilles et pétales dans un grand panier de roseau tressé, et contempla une fois de plus le résultat de son travail. Le balai avait tracé sur l'argile de la cour tout un lacis d'arcs légers, longs et réguliers. Jeffrey se prit à espérer que le Maître allait jeter un coup d'œil à ce travail avant que d'autres feuilles, en tombant, ne vinssent tout gâcher. Il cala le panier sur sa hanche, et alla en déverser le contenu derrière la maison, sur le tas qu'il brûlerait à la fin de la semaine. Après quoi, tirant un seau d'eau du puits, il se rendit dans un appentis où, se déshabillant, il se lava soigneusement à l'eau fraîche. Il était impensable de se présenter trempé de sueur, ou simplement ébouriffé, devant le maître de yoga. Afin de pouvoir se vêtir de propre après son travail au jardin, Jeffrey gardait toujours dans l'appentis un ou deux shorts de coton. Il en enfila un et se dirigea, pieds nus, vers le porche d'entrée, où il s'assit en tailleur. Là, dans la

13

fraîcheur de l'ombre, il s'efforça d'apaiser son esprit. A voix basse, très doucement, il se mit à psalmodier un chant incantatoire ou *mantra*, composé de ces seuls mots, « Om Namah Shivaya », répétés indéfiniment. En accordant toute son attention à chacune de ces six syllabes, il parvenait, progressivement, à évacuer de son esprit bon nombre des préoccupations de la journée. En composition d'histoire, par exemple, il n'avait que très médiocrement su répondre; son ami Rama avait cassé une batte de cricket, à la récréation; leur professeur, accablé par un rhume d'été, s'était montré hargneux toute la journée. Om Namah Shivaya... Son esprit se concentrait, assidu, comme un bateau prend le vent dans ses voiles. Om Namah Shivaya... Son souffle se faisait plus lent, s'étirait comme un fil. Om Namah Shivaya... Il était prêt pour sa leçon de yoga.

Des pas lourds, sur le plancher, venaient de s'approcher de la porte. Un homme corpulent sortit, vêtu d'une chemise blanche et d'un *dhoti* blanc également – une sorte de longue jupe de coton. L'homme soufflait et suait à grosses gouttes, ses yeux saillaient légèrement, et ses lèvres tremblaient... Jeffrey détourna son regard. Cela ne se faisait pas de regarder un homme important et manifestement épuisé. Jeffrey attendit que la lourde silhouette eût disparu dans l'allée, puis il se leva et alla frapper à la porte, trois coups, timidement.

– Entre !

Jeffrey ouvrit la porte, fit quelques pas à l'intérieur et, sans lever les yeux, s'agenouilla vivement ; plongeant les épaules en avant, il vint poser son front sur le sol.

– Gurugi, dit-il à mi-voix, en tamil. Je suis venu demander humblement une petite part de votre temps, bien que je n'aie en rien mérité votre grande générosité.

Il présentait cette même requête, dans les mêmes termes, tous les jours, sans jamais rien y modifier ; c'était son père qui lui avait enseigné les mots exacts, pour la circonstance. Puis il attendit, sachant parfaitement que le Maître ne répondrait pas tout de suite, comme s'il examinait soigneusement la requête. Ces instants de silence non plus ne variaient pas d'un jour à l'autre.

Jeffrey gardait son front pressé contre le sol, ses mains déployées de chaque côté de la tête, ses pieds et ses genoux bien serrés. Il savait que le Maître étudiait sa position.

– Ganesh, viens !

L'ordre était impérieux comme un coup de fouet. En réponse, Jeffrey bondit sur ses pieds. Le Maître, un petit homme sec et nerveux, vêtu d'un short de coton, buvait à petites gorgées un verre d'eau claire, tout en s'éventant d'un journal. Il faisait un peu plus frais qu'au-dehors, dans la pénombre de la pièce, mais la chaleur n'en était pas moins accablante.

Maître et élève passèrent alors dans une pièce voisine, jonchée de nattes de roseau. Après s'être incliné devant le Maître, qui venait de s'asseoir à l'autre bout de la pièce, Jeffrey exécuta quelques exercices d'échauffement. Puis, sur l'ordre du Maître, il exécuta une série d'*asanas* – poses de yoga –, tantôt assis, tantôt debout. Des poses qui, l'année d'avant, lui avaient paru terriblement inconfortables, si ce n'est même impossibles à obtenir de son corps, lui semblaient désormais faciles. Ce jour-là, pourtant, Jeffrey était plein d'appréhension : il était en train d'apprendre un nouvel *asana* particulièrement difficile, la posture du scorpion, ou *Vrishchikasana*.

Vrishchik, c'est le scorpion, ce tueur qui s'arc-boute pour piquer avec sa queue, par-dessus sa tête. La posture en question reproduit l'attitude du scorpion prêt à frapper sa victime : il faut soulever le corps au-dessus des avant-bras posés sur le sol, bien parallèles, puis, en s'arc-boutant, ramener les jambes vers l'avant, de telle sorte que les pieds viennent se poser sur le haut de la tête. Dans cette posture, le thorax, l'épine dorsale et l'abdomen sont étirés à l'extrême, au point que la respiration devient rapide, hachée, laborieuse.

Jeffrey exécuta divers *asanas* – *Parivrtta Triko-*

nasana, *Paschimottanasana*, *Halasana*, *Parsvaika-pada Sarvangasana* et *Salamba Sirsasana* –, le tout sous le regard vigilant de son gourou, qui ne prenait la parole que pour des corrections laconiques : « Les mains en avant », ou « Plus en arrière, le talon gauche. »

Puis, ce fut l'ordre redouté :

– Maintenant, le *Vrishchikasana*!

A sa première tentative, Jeffrey perdit l'équilibre et retomba sur la natte. Un bref coup d'œil au Maître lui fit comprendre que cet insuccès était considéré comme de peu d'importance. Il est vrai que jamais le Maître ne raillait l'insuccès s'il venait en résultat d'un effort honnête. Seul un effort insuffisant attirait la réprimande.

Jeffrey fit une seconde tentative, cherchant d'abord longuement son équilibre sur ses avant-bras, avant d'arquer le corps et les jambes pour les ramener vers l'avant. Durant deux ou trois secondes, il parvint à garder la posture voulue, ses pieds effleurant sa tête, puis il s'écroula sur le côté. L'effort semblait minime, et pourtant Jeffrey en avait le souffle coupé.

– Repose-toi un instant, lui dit le Maître.

Il s'étendit alors, de tout son long, sur le dos, comme un gisant, les bras le long du corps, la paume des mains tournée vers le plafond, les jambes légèrement écartées, les yeux clos. Il s'efforçait d'amener à se détendre chaque groupe de muscles de son corps. Il était devenu capable, avec la pratique, de se détendre totalement en l'espace de quelques secondes; il lui semblait alors, ainsi étendu, que son corps s'étirait, s'allongeait, prenait une forme nouvelle.

Il attendait l'ordre d'exécuter un nouvel *asana* lorsqu'une voix s'éleva soudain dans la torpeur de l'après-midi, une voix enfantine et stridente :
– Ganesh!... Ganesh, ton père!...

Jeffrey rouvrit les yeux; debout dans l'embrasure de la porte, l'un de ses petits voisins jetait sur le Maître un regard empli de crainte, puis se tournait de nouveau vers lui.

– Ganesh! criait le gamin. Ton père est malade! Le médecin est chez toi, en ce moment!

Jeffrey ne devait pas se souvenir d'avoir quitté la pièce. Avait-il seulement pris congé de son gourou, d'un respectueux signe de tête? Comment s'était-il retrouvé dans l'allée? Il se souviendrait vaguement de cette course aveugle, le long des quelques centaines de mètres qui le séparaient de chez lui – ses jambes le portaient à regret, comme dans un cauchemar, et l'on se retournait sur lui, ébahi de le voir courir aux heures torrides de l'après-midi. Mais il se souviendrait surtout de son affolement hagard, de cette peur qui le tenaillait tout du long.

Au bout d'une ruelle poussiéreuse, il s'engagea dans l'entrée d'une petite propriété enclose de murs, et entra en collision avec un grand bonhomme maigre, à qui le choc fit émettre un grognement sourd.

Jeffrey avait manqué de renverser le médecin du village.

La haute silhouette émaciée reprit son équilibre, d'une main, contre le mur, tout en rattrapant du pied sa sandale arrachée, tandis que Jeffrey, bredouillant des « pardon, pardon », récupérait la trousse médicale tombée par terre.

– Je... Je vous prie de m'excuser, répétait Jeffrey en tendant au médecin la trousse noire.

Sa main se crispait si fort dessus que le docteur eut quelque peine à la lui reprendre.

– Qu'est-il arrivé... à ... mon père? haletait à présent Jeffrey.

Le médecin épousseta sa trousse.

– Je n'ai pas ici le matériel pour faire les examens voulus, Ganesh, dit-il. Mais je crois que ton père vient d'avoir une petite attaque – des ennuis cardiaques...

– C'est grave?

Le médecin s'éclaircit la gorge.

– Difficile à dire, mais je ne pense pas que ce soit réellement inquiétant. Ce dont ton père a besoin, c'est d'abord de repos. De beaucoup de repos. (Il esquissa une grimace.) Il en prend si peu.

– Moi je vais l'obliger à en prendre, du repos, déclara Jeffrey sur un ton de ferveur. Et... que dois-je faire d'autre?

19

Le docteur eut un geste d'impuissance, puis il essuya quelques gouttelettes de sueur qui perlaient à son front.

– Rien. Rien d'autre. Il lui faut du repos. Essaie de l'obliger à en prendre.

– Je vais essayer. J'y arriverai. Et merci, docteur, merci!

Jeffrey éprouvait soudain pour cet homme une bouffée de gratitude, comme s'il venait de lui révéler le secret d'un remède universel.

– Merci! lança-t-il une dernière fois à l'adresse de la haute silhouette qui s'éloignait.

De la cime d'un arbre proche descendit brusquement en piqué, sans crier gare, une véritable cascade de corbeaux. Leurs ailes noires fendaient l'air puissamment, et Jeffrey, l'espace d'une seconde, en fut saisi d'angoisse. Une immense vague de peur venait de déferler sur lui, semblable à ce vol de corbeaux s'abattant dans l'air immobile de l'après-midi.

Il se tourna vers la maison. C'était un bâtiment minuscule, aux murs de plâtre et au toit de tuiles rouges. Naguère jaunes, comme ceux de la maison du gourou, ses murs étaient à présent striés de gris sous l'effet des pluies de mousson. Il y avait eu des massifs fleuris sur le devant de la maison, mais un été brutal avait grillé toutes les fleurs. Et la demeure elle-même, ce jour-là, avait l'air racornie, sombre et laide.

Jeffrey marqua un temps d'hésitation avant d'y

pénétrer. Surtout, ne pas paraître anxieux... Il prit une longue aspiration, gravit les deux marches de briques qui s'émiettaient peu à peu, et entra. Dans la pièce de devant, petite et fort peu meublée, un unique portrait ornait le mur : une photo de sa mère, morte depuis plusieurs années, une jeune femme blonde aux traits fins et au sourire timide. Jeffrey laissa tomber son paquet de livres sur la table, et passa directement dans la chambre paternelle. Là, il trouva son père, étendu sur le lit étroit, un mauvais oreiller derrière la nuque. M. Moore était maigre, anguleux, avec un visage en lame de sabre et des yeux d'un bleu plus clair encore que ceux de Jeffrey. Le ventilateur, au-dessus de sa tête, ébouriffait ses cheveux cendrés. Sa poitrine nue, qui s'élevait et s'abaissait par saccades, était couverte de taches de rousseur. Sur la monture de ses lunettes se reflétait par éclats brefs le rai de lumière que la minuscule fenêtre laissait se glisser dans la pièce.

– Alors, ce Vrishchinkasana, ça commence à venir ? demanda en anglais le père à son fils.

Ils parlaient toujours anglais, entre eux deux.

– C'est dur. J'ai gardé la pose deux ou trois secondes, aujourd'hui.

– Ça finira par venir.

Son père avait encouragé Jeffrey à se mettre au yoga.

– Je... J'ai failli emboutir le docteur. En fait, je lui

21

suis bel et bien rentré dedans. J'ai manqué de peu le renverser.

M. Moore eut un petit sourire triste.

– Que t'a-t-il dit?

– Qu'il pensait que tu devais avoir eu une petite attaque, une petite crise... Des petits ennuis cardiaques... C'est tout. Il a dit que ce n'était rien.

– Ma foi, la preuve.

– Seulement, il faut que tu prennes du repos. Tu n'en prends vraiment pas assez.

Moore balaya la remarque d'un vague mouvement de la main dans le vide.

– Les médecins répètent toujours la même chose. Boire beaucoup, prendre du repos. Et c'est comme ça sous toutes les latitudes.

– Peut-être que tu devrais aller à Madras, te faire établir un bilan de santé.

– Et peut-être que toi tu devrais aller dans la salle d'eau, prendre un bain. Pas besoin de te flairer longtemps pour deviner que si tu es tout mouillé, c'est de sueur, et non pas d'eau de source.

Jeffrey se doutait que son père n'accepterait pas d'aller à Madras, mais il valait la peine de tenter sa chance une seconde fois.

– Mais si tu as eu une petite attaque, papa, il faudrait que tu voies un bon docteur.

– Et alors? Y a-t-il de bons docteurs à Madras? Existe-t-il de bons docteurs, où que ce soit? Je

22

pense que notre médecin a raison. C'est de repos que j'ai besoin.

– Mais vas-tu seulement en prendre?

– Va toujours prendre ton bain, quant à toi, et laisse-moi prendre moi-même les choses en main en ce qui me concerne – autrement dit, prendre du repos.

Ils échangèrent un sourire amical. Jeffrey quitta la pièce, emportant l'image accablante du visage terreux de son père, et de la faiblesse manifeste de ses mouvements. L'espace d'un instant, sur le chemin de la salle d'eau, il se sentit submergé de panique. A qui demander de l'aide? Vani, leur ancienne femme de ménage, aurait probablement su convaincre son père de faire autre chose que de se contenter de l'avis du docteur du village, mais Vani était morte depuis un an déjà. Il y avait bien sûr le Swami lui-même, et son père obéirait sans doute en tout point au saint homme. Seulement, le Swami était quelqu'un à qui Jeffrey ne pouvait pas écrire. Et comment persuader le saint homme de se rendre ici? Le Swami avait renoncé à ce monde depuis de très longues années, il avait même effectué ses propres rites mortuaires, car dans son esprit il était mort déjà à la société des hommes, même s'il parcourait sans fin toute l'Inde, visitant les temples et répondant aux questions que lui posaient ceux qui se pressaient autour de lui. Le Swami n'estimerait pas de son ressort un problème aussi terre à terre que celui de la maladie. Deux ans plus tôt, Jeffrey s'en souvenait, l'un de ses fervents disciples était tombé gravement malade, et le Swami n'était jamais venu le voir. Le Swami avait dit : « Si je ne suis pas avec lui à présent, en ce moment même, là où il se trouve, alors je ne pourrai pas davantage être avec lui si je parcours une centaine de kilomètres pour me rendre à son chevet. » Le père de Jeffrey, et d'autres, avaient beaucoup apprécié ces mots, encore que Jeffrey pour sa part y eût plutôt vu une marque de désintérêt et d'infidélité. Quoi qu'il en fût, on ne pouvait compter sur le Swami. Et le prêtre hindou du village ? Le père de Jeffrey ne l'avait guère en très haute estime. Quant au vieux prêtre irlandais catholique qui dirigeait l'école de la Mission, c'était à peine s'il adressait la parole à M. Moore, qu'il considérait un peu comme un déserteur, un traître à la cause du christianisme. Mais alors, à qui demander de l'aide ?

Dans la salle de bains, Jeffrey se défit de ses vêtements trempés de sueur, pour prendre son second bain en moins d'une heure. A qui demander de l'aide ? A personne. Un petit lézard de maison, pâle, presque translucide, inclina de côté, pour regarder Jeffrey, sa tête triangulaire, avant de disparaître comme un filet de fumée dans un trou près du plafond.

Chapitre 2

Jeffrey Moore avait vécu les neuf premières années de sa vie dans la grande ville de Madras, sur la côte sud-est de l'Inde. Ses parents s'étaient rendus là pour affaires, mais bientôt, frappés par la poignante misère de l'Inde, ils avaient décidé d'y rester et de travailler pour une organisation qui s'efforçait de venir en aide aux plus démunis. Ce travail les avait amenés à effectuer de nombreux déplacements, et Jeffrey gardait encore une image très précise de sa mère, une jeune femme fragile, accompagnant de village en village, le sac au dos, son mari qui avait alors une carrure d'athlète. En dépit des difficultés de leurs missions, Jeffrey les suivait partout – vivant tantôt dans une tente, tantôt dans une masure de boue sèche, et partageant la maigre pitance des parias. Il n'avait gardé de ce temps que d'heureux souvenirs; il revoyait ses parents rire et discuter ensemble – et ne jamais le laisser en dehors de leur discussion. Les souvenirs qu'il avait gardés de ces neuf premières années étaient si bons pour lui qu'il lui arrivait de désirer revenir en arrière, et revivre ce temps-là.

Mais peu après ses neuf ans, il avait perdu sa mère. Au cours d'une fête religieuse, alors qu'elle vaccinait contre le choléra des milliers et des milliers de pèlerins, elle avait contracté non pas le choléra mais une encéphalite, qui l'avait emportée en une semaine. Passé le choc de la tragédie, son père avait emmené Jeffrey avec lui, ici, dans ce petit village du sud. Il s'était, au fil des années, initié à l'agriculture, et désormais il faisait profiter de ses connaissances les agriculteurs du secteur. Une association d'aide internationale rémunérait ce travail d'un maigre salaire mensuel, juste de quoi entretenir un petit logement et payer une gouvernante – en fait, une femme de ménage tenant également lieu de cuisinière. Après la mort de sa femme, M. Moore s'était tourné vers la religion. Il s'était mis à lire les textes sacrés hindous, il fréquentait les temples hindous, pratiquait les rites hindous; et, après sa rencontre avec le Swami, il était devenu l'un des disciples du saint homme. Il avait suivi le Swami dans ses pérégrinations à travers l'Inde, disparaissant souvent plusieurs semaines d'affilée. Jeffrey, durant ces absences, était sous la garde de Vani; la vieille femme avait été pour lui une véritable grand-mère. Malheureusement, après sa mort, Jeffrey n'avait plus eu personne sur qui compter; les gouvernantes, depuis un an, s'étaient succédé à un rythme rapide, les unes emportant avec elles le peu qu'il y avait à voler, les autres disparaissant après avoir soutiré une avance sur salaire à ce pauvre M. Moore qui était généreux à l'excès. Depuis, lorsque son père partait en pèlerinage, Jeffrey se débrouillait de son mieux. Chacun le connaissait au village. En raison du respect qu'inspiraient les pratiques religieuses de son père, les gens du village veillaient sur Jeffrey; ils l'invitaient fréquemment à manger chez eux, ou réalisaient à titre amical certains petits travaux d'entretien de la maison. Jeffrey s'en sortait bien, tout seul; il lui semblait qu'il s'en sortirait toujours bien, et quand son père rentrait de ses pèlerinages il lui contait d'étranges histoires venues de ces contrées lointaines qu'il avait visitées, il lui parlait du Swami et des nuées d'adeptes qui le suivaient avec ferveur, du temple sacré à la rivière sacrée, il lui parlait de ces pèlerins qui vivaient de presque rien, de quelques poignées de céréales et de l'eau des cours d'eau.

Mais voilà que, tout à coup, Jeffrey n'avait plus confiance. La mine ravagée de son père l'effarait – du jour au lendemain il semblait avoir perdu beaucoup de ses forces. Son père et le médecin lui disaient-ils toute la vérité?

Jeffrey prit son repas, ce soir-là, avec son père, dans la chambre paternelle. Ils mangeaient à la manière indienne : leurs assiettes de riz et d'okras* épicés calées sur leurs genoux, ils prenaient la nourriture du bout des doigts de la main droite et l'amenaient ainsi à leur bouche.

Brusquement, Jeffrey n'y tint plus :

– Dis-moi la vérité, papa.

Assis sur son lit, jambes croisées, M. Moore eut d'abord son sourire habituel, franc et plein d'entrain.

– Papa. S'il te plaît.

– Tu veux dire, pour ma santé ?

– La vérité, papa.

M. Moore scruta un instant le visage de son fils, puis, lentement, il déposa son assiette sur le lit.

– Bon, d'accord, Ganesh, la vérité. La vérité est que j'ai pris le temps, lors de ce dernier pèlerinage, de me faire faire un bilan de santé.

Il regardait son assiette. Jeffrey attendait la suite, muet. Il sentait que de fines gouttelettes de sueur s'étaient mises à dégouliner le long de son visage.

– Il est exact que j'ai un problème, poursuivit M. Moore, d'une voix calme. J'ai les muscles du cœur qui s'affaiblissent progressivement.

– Ce qui veut dire...? Est-ce grave dès maintenant ?

---

* Okra : fruit comestible de l'*Hibiscus esculentus* (encore appelé gumbo).

– Il s'en faut de beaucoup. (La voix de M. Moore était à présent détachée, pondérée.) Mais à la longue, au bout d'un certain temps, ces muscles perdront toute leur force.

– Au bout d'un certain temps! Mais combien de temps? *Quand...*?

– Quand? Personne ne le sait jamais, dit M. Moore avec un sourire. Seuls certains moines thibétains savent à l'avance, dit-on, l'heure de leur mort – parce qu'ils entrent dans une sorte de transe. Il semble qu'ils choisissent leur heure délibérément...

– Oui, mais que veut dire cet « au bout d'un certain temps »? insista Jeffrey qui s'impatientait.

– Ecoute, mon garçon. Si je fais bien attention, si je ne me surmène pas, je devrais rester ici-bas suffisamment longtemps pour te voir accéder à l'âge d'homme. Voilà la vérité, Ganesh, pour autant que l'on puisse savoir.

– Tu aurais tout de même pu m'en parler, de ce bilan de santé! lui reprocha Jeffrey.

– J'en avais l'intention. Je t'assure que j'allais le faire, mais il y a seulement une semaine que je suis rentré, Ganesh, ne l'oublie pas. (Il eut un petit rire étriqué.) Laisse-moi le temps de souffler.

Jeffrey répétait dans sa tête les mots mêmes de son père. « Je devrais rester ici-bas suffisamment longtemps pour te voir accéder à l'âge

29

d'homme. » Il se sentait un peu mieux, et ses poings s'ouvrirent, ses doigts se détendirent; c'était seulement maintenant qu'il se rendait compte qu'il les avait gardés serrés, tout le temps de cet échange.

– En tout cas, il faut que tu te reposes, dit-il à son père.

– C'est ce que je vais faire, promis.

– Pas question de te rendre aux champs au milieu de la journée.

– Tu as raison. Je ne le ferai plus.

– A ces heures-là, tu ferais beaucoup mieux de faire la sieste.

– Entièrement d'accord. Telle est d'ailleurs mon intention. Et maintenant, finissons de manger.

Ils terminèrent donc leur repas, et Jeffrey emporta les assiettes à la cuisine, où il les tendit à la gouvernante, une petite bonne femme toute maigre, aux cheveux gris, qui les prit en fronçant le sourcil. Elle fronçait le sourcil quasiment en permanence. Même l'heure de la paye ne la faisait pas sourire.

Jeffrey retourna dans la chambre paternelle, emportant un oreiller – le sien – pour le placer derrière la tête de son père.

M. Moore commença par protester, puis il accepta d'un sourire.

– Dis-moi, Jeffrey..., commença-t-il, hésitant.

Il appelait rarement son fils par son prénom occidental; prononcé ainsi, entre eux deux, il

30

rendait un son plus intime que celui de Ganesh, que tout le monde employait ici. Jeffrey se pencha en avant.

– Dis-moi, Jeffrey... Durant toutes ces années où je suis si souvent parti en pèlerinage avec Swamiji, qu'as-tu pensé de moi?

– Je savais que tu devais le faire. Il le fallait.

– Vraiment? Tu n'étais même pas furieux après moi?

– Non. Il fallait que tu y ailles.

– Comprends-tu pourquoi?

– Non, avoua Jeffrey avec une grimace. Je n'aime pas Swamiji.

– Et tu n'enrageais pourtant pas de me voir le suivre?

– Non. Tu le comprends, toi. Moi, je ne le comprends pas.

– Jeffrey, il faut que je te dise quelque chose. Je ne crains plus la mort. Je ne m'agrippe plus à la vie. Mais je n'ai pas perdu mon désir d'être ton père. Pardonne-moi pour toutes ces fois où je t'ai négligé. Je ne le ferai plus. Ce qui m'apparaît si clair à présent ne l'était pas auparavant.

– Le passé n'a pas d'importance, dit Jeffrey. Ce que je voudrais, maintenant, c'est que tu te reposes.

Chapitre 3

Au cours de la semaine suivante, Jeffrey suivit comme à l'habitude ses cours à la Mission et ses leçons de yoga, tandis que son père, peu à peu, reprenait ses activités. Le soir, ils prenaient ensemble un repas frugal, composé de riz et de légumes épicés, après quoi ils allaient s'asseoir dehors, à même le sol encore tiède de la chaleur du jour, pour observer les étoiles. M. Moore avait de solides notions d'astronomie – en fait, il avait de solides notions de bien des disciplines – et Jeffrey aimait ces soirées au fil desquelles, assis dans la nuit sous Orion ou sous Canis Major, il écoutait son père développer ses théories sur l'univers, ses origines, sa fin possible, et sa possible renaissance. Le silence de la nuit régnait sur leur jardin, et seul le hululement des chouettes venait quelquefois interrompre leur conversation, ou parfois encore le cri aigre d'une chauve-souris, suspendue à une branche, la tête en bas.

32

Non point que tout le village, autour d'eux, fût aussi paisible et silencieux. Plus loin, sur la rue principale, les postes de radio braillaient à pleins décibels, comme tous les soirs, dans chacun de ces établissements où l'on servait du thé ou du lait; les scooters, en passant, dispensaient généreusement la plainte geignarde de leur moteur, et les marchands n'en finissaient pas de criailler derrière leur étal. Un peu plus loin encore, dans les temples du village, les prêtres élevaient leurs incantations, faisaient carillonner les cloches pour éveiller les dieux; dans le même temps, à l'extérieur des temples, des haut-parleurs diffusaient avec force des chants religieux enregistrés sur bande...

Pourtant, dans leur petit jardin, Jeffrey et son père avaient le ciel pour eux seuls. Ce que Jeffrey avait dit à son père était la vérité pure : il ne lui en avait jamais voulu pour ces longs périples avec le Swami à la recherche de Dieu. C'était une quête digne d'un homme hors du commun, et son père était un homme hors du commun, Jeffrey en était certain, même si tout le monde ne semblait pas s'accorder sur ce point. Les amis et connaissances que son père avait à Madras – exclusivement des Occidentaux – s'étaient détournés de lui du jour où il avait commencé à porter le *dhoti* et à parcourir les chemins de l'Inde un bâton à la main, ses cheveux cendrés recouverts d'une étoffe grossière. Jeffrey non

33

plus ne comprenait pas son père. A quoi correspondait cette recherche de Dieu, ce chemine-
ment incessant – sans jamais se nourrir à sa faim,
sans tenir compte de sa fatigue ni s'accorder le
moindre confort – à la poursuite d'une idée qui
ne menait nulle part? Au village, lorsqu'un habitant quelconque avait besoin de Dieu, il se rendait au temple hindou ou à la chapelle catholique de la Mission, près de l'école, et il se contentait de dire des prières. Alors que les pèlerins,
comme son père, éprouvaient le besoin de s'épuiser à suivre des chemins brûlants, avec une
poignée de riz, chaque jour, pour toute pitance...
Et pourtant Jeffrey avait accepté la voie choisie
par son père, parce qu'elle exigeait courage et
volonté. Jeffrey le savait, et il n'y voyait aucun
mal. Et lorsqu'ils étaient assis côte à côte, le soir,
sous les étoiles, il lui semblait sentir l'énergie de
son père rayonner en lui-même par sa seule
présence. Il lui semblait que rien ne pourrait
venir briser le lien scellé entre eux; rien, moins
que jamais, puisque désormais son père ne
devait plus s'éloigner du village. Le repos ren-
drait leurs forces aux muscles cardiaques, Jeffrey
en était sûr. Plus rien ne les empêcherait, son
père et lui, de s'asseoir tous deux à la belle étoile,
la nuit tombée, derrière les hauts murs du petit
jardin, à l'abri des bruits du village, à l'abri du
reste du monde.

Mais un après-midi, en classe, Jeffrey vit brusquement s'encadrer dans la porte ouverte la silhouette d'un vieux voisin. C'était un retraité des postes, qui avait toujours été gentil avec Jeffrey. S'inclinant vers le professeur, il chuchota « Le père de ce garçon... » en désignant Jeffrey, et Jeffrey fut frappé d'hébétude. Chemin faisant, rentrant chez lui sur l'arrière du vélo du vieil homme, Jeffrey apprit ce qui s'était passé. Son père avait eu une autre « petite attaque ». Ce matin même, il était allé sur son scooter inspecter des canaux d'irrigation, près d'un hameau, à vingt kilomètres de là. Il s'était effondré dans une rizière, et des cultivateurs l'avaient ramené chez lui en char à bœufs.

Aussitôt arrivé, Jeffrey se rua dans la maison. Le docteur était venu, mais il était reparti à présent – c'est du moins ce que lui chuchota la gouvernante, dès la porte d'entrée. Son père, étendu dans sa chambre, haletait doucement. Apercevant son fils, il agita vaguement une main.

– Ce n'était pas au milieu du jour... souffla-t-il, hors d'haleine. C'était le matin. J'ai tenu ma promesse.

– Ne parle pas, le pressa Jeffrey. Repose-toi, c'est tout...

Puis, oubliant ses propres conseils, il voulut savoir :

– Qu'a dit le docteur ? Que s'est-il passé ? Le sait-il ?

Son père esquissa un pâle sourire.

– Une petite attaque, c'est tout.

– Oh, c'est sûrement plus grave! sanglota Jeffrey.

– Ne t'inquiète pas, Ganesh, j'ai mes comprimés. (Il désignait du regard une boîte de médicaments sur la petite table de nuit.) Il me les avait donnés, tu sais, quand j'étais allé... C'est tout ce qu'il me faut.

– Ne parle pas, papa. S'il te plaît. Repose-toi.

Jeffrey tira une chaise et resta assis là, sans un mot, jusqu'à ce que son père se fût assoupi. Alors, il sortit pour aller s'asseoir sous le vieux figuier.

Qui, mais qui pouvait-il appeler à l'aide? Et s'il écrivait tout de même au Swami? Oui, voilà ce qu'il allait faire. Il enverrait une lettre à Swamiji, une lettre ainsi rédigée : « Venez aider mon père; il est terriblement malade; il vous a toujours été fidèle, à vous de lui être fidèle en retour. » Seulement, pour envoyer cette lettre, il lui fallait la permission de son père; c'était déloyal, sinon. Mais son père la lui accorderait-il? Non. Certainement pas. Jamais il ne dérangerait le Swami pour une affaire *de si peu d'importance*.

Alors, vers qui se tourner? Qui?

A l'autre bout de la cour, il vit s'avancer vers lui la femme du postier en retraite, qui apportait un bol de quelque chose. C'était une femme énorme, enveloppée d'un sari brun.

– Pour ton père, dit-elle en tendant le bol. Du lait de coco frais. Fais-le-lui boire. C'est excellent pour le cœur.

Jeffrey bondit sur ses pieds et accepta l'offrande en remerciant chaleureusement. Cette brave femme était pétrie de bonnes intentions, mais chaque fois que quelqu'un tombait malade, dans le voisinage, qu'il s'agît d'un rhume, de rhumatismes ou de la fièvre typhoïde, elle arrivait avec un bol de lait de coco. Jeffrey emporta le bol dans la maison et le posa sur la table. Puis il retourna dans la chambre du malade, et s'attarda à contempler son père endormi. Une chose était certaine : il ne quitterait plus cette maison – ni pour la classe, ni pour le yoga, ni pour quoi que ce fût. Puisqu'il n'y avait personne pour veiller sur son père, il le ferait lui-même, et seul.

Chapitre 4

Et Jeffrey resta chez lui pour prendre soin de son père malade. Au petit jour, longtemps avant l'arrivée de la gouvernante, il se rendait au puits du village – ils n'avaient pas l'eau courante – pour en rapporter de l'eau et faire du thé pour son père. Dans la touffeur des heures chaudes, il le bassinait à l'eau fraîche et partageait son repas. L'après-midi, il lui faisait la lecture à voix haute – et son père écoutait ces textes sacrés avec une intense attention, comme s'il s'agissait de récits palpitants. Et puis, tout le long du jour, il allait et venait, retapait les oreillers, tendait les draps, avec tant de sérieux que son père en riait. C'était un détail qui frappait Jeffrey : la facilité avec laquelle son père arrivait encore à rire, en dépit de la souffrance qui le tenaillait souvent. M. Moore appelait son fils « le petit tyran domestique », et feignait de le redouter, roulant des yeux effarés : « Miséricorde, le voilà encore, ce sacré gendarme ! »

Le soir, Jeffrey aidait son père à se traîner lentement dans la cour jusqu'au pied du vieux figuier*, pour s'y asseoir et contempler les étoiles. Jeffrey ne le laissait jamais seul, et il avait appris à reconnaître l'imminence d'une attaque – d'une « petite attaque » – d'après une certaine façon qu'avait son père alors de tordre les coins de sa bouche. Jeffrey était toujours prêt à donner le comprimé nécessaire, avant même l'arrivée réelle de la crise. Par bonheur, les comprimés étaient efficaces, et apportaient un soulagement rapide. Chaque jour, le médecin faisait une apparition, mais il ne semblait guère plus efficace que les voisins, qui apportaient de bon cœur leurs remèdes de bonne femme – qui des feuilles bouillies d'arbre à perles**, qui des pétioles de banane épicés. Pourtant, Jeffrey leur était reconnaissant de ces visites. Tout au long du jour, ils se présentaient au portail, apportant un petit quelque chose : un fruit, quelques douceurs, un remède maison, une platée de légumes cuisinés... Si les Occidentaux de Madras accordaient peu d'intérêt à M. Moore, sur les gens du village, par contre, il avait manifestement fait grosse impression. Il faut dire que ces petites gens, cultiva-

* Non pas notre figuier, mais un autre Ficus, *ficus religiosa* (ou arbre Bô).
** Arbre à perles : Melia azederach, que l'on peut voir dans le Midi de la France.

39

teurs, marchands, savaient la force d'âme d'un homme qui avait piétiné le long des chemins torrides, à la recherche de Dieu. Et les dons qu'ils apportaient, en ces jours difficiles, étaient autant de marques simples de leur respect : un peu de nourriture, des remèdes, une question chuchotée – allait-il mieux, aujourd'hui ? Jeffrey en cessa de songer au Swami. Il lui suffisait de la présence de ces voisins, de leurs visites réguliè-res, en témoignage d'estime et de respect.

Rama venait aussi, tous les soirs après la classe. C'était le fils d'un riche marchand de céréales, et le meilleur ami de Jeffrey. Rama était petit et menu, mais il pouvait en remontrer, dans le maniement de la batte de cricket, à des garçons deux fois plus grands que lui. Assis ensemble sous le vieux figuier, les deux garçons suivaient des yeux le manège des chauves-sou-ris. Elles surgissaient brusquement de nulle part, pépiant d'une petite voix aiguë, et elles effec-tuaient dans l'air, à une vitesse ahurissante, tou-tes sortes de loopings et de zigzags, puis venaient se suspendre, repliées, la tête en bas, aux bran-ches des arbres, semblables à d'étranges fruits sombres, avant de repartir soudain comme des flèches, à la poursuite d'insectes en vol.

Les deux garçons ne parlaient guère, mais ni l'un ni l'autre, de toute façon, n'était naturelle-ment bavard. Ils ne manquaient pas d'idées d'ac-tivités, en temps ordinaire. Ils allaient se baigner dans un petit lac, s'amusant à prendre pour plongeoir le dos des buffles qui passaient là les heures les plus chaudes, debout dans l'eau, cherchant la fraîcheur. Ou ils allaient chasser la vipère; la vipère de l'endroit était un petit serpent brun, à la queue épaisse et aux écailles ornées d'un dessin en dents de scie – un tueur redoutable, en dépit de sa petite taille : le responsable de plus de décès par morsure de serpent qu'aucune autre espèce au monde. Les cultivateurs donnaient volontiers quelques pièces en échange de chaque dépouille de l'une de ces vipères : c'en était toujours une sur laquelle ils ne risqueraient pas de poser le pied, en travaillant aux champs. Les deux garçons grimpaient encore dans les branches des figuiers banyans pour effrayer les singes, qui d'ailleurs le leur rendaient bien, et chipaient des bananes dans la plus grosse bananeraie du secteur. Ensemble ils parcouraient tous les chemins de campagne, scrutaient en silence les profondeurs des forêts de bambou, regardaient les perruches vertes se balancer tranquillement sur les fils téléphoniques, et les nuages de mousson monter inexorablement dans un ciel d'un bleu éclatant, pareils à des tourbillons de boue. Ils étaient amis parce qu'ils faisaient les mêmes choses en même temps, et qu'ils y mettaient le même cœur.

Rama était là, justement, le jour où M. Moore eut une attaque si grave qu'un seul comprimé resta sans effet; il en fallut trois pour le calmer, ce jour-là. Rama courut alors chercher le médecin, tandis que Jeffrey, au chevet de son père, lui tenait la main – une main glacée, secouée de tremblements – sans pouvoir détacher son regard, le cœur au supplice, de cet autre supplice qu'il lisait sur le visage hagard du malade. Le médecin arriva enfin, mais il ne fit rien d'autre que d'ausculter le patient au stéthoscope. Après quoi, hochant gravement la tête, il déclara que par bonheur le remède avait produit son effet.

Jeffrey le suivit au-dehors.

Rama était là, qui attendait.

– Bon, je m'en vais, maintenant, Ganesh, dit Rama.

Entre eux, ils parlaient anglais.

Jeffrey acquiesça en silence. Il avait mal au cœur de voir partir son ami, mais mieux valait sans doute, pour parler au médecin, être seul avec lui.

– Docteur... Pour mon père... S'il allait à Madras...?

Le médecin, les lèvres serrées, ne répondit pas.

– Est-ce que c'est envisageable? Est-ce que je peux l'emmener là-bas? insista Jeffrey.

– C'est peu probable.

– Comment cela? Que voulez-vous dire?

Le médecin ne répondit pas tout de suite.

– Je pense qu'il est peu probable qu'il soit en

mesure de supporter le voyage. Laissons-le tranquille, laissons-le se reposer ici.

– Mais... ne peut-on réellement *rien* faire?

Le médecin avait jusqu'ici évité le regard de Jeffrey. Il le regarda droit dans les yeux.

– Non, mon garçon, non. On ne peut rien faire. Le mieux est de laisser ton père en paix, là où il est. C'est d'ailleurs tout ce qu'il souhaite.

– Ah oui? Et qu'est-ce qui vous fait dire ça? demanda Jeffrey sur un ton mordant, oubliant de rester poli. Comment pouvez-vous le savoir, je me le demande!

– Tout simplement parce qu'il me l'a dit, répondit le médecin d'une voix calme. Hier, il m'a dit que, si le mal empirait, il préférait rester ici plutôt que de tenter d'aller à Madras. (Il avança la main pour toucher le bras de Jeffrey.) On se sent toujours mieux, vois-tu, dans un environnement familier...

Des larmes brusquement vinrent aveugler Jeffrey.

– Vous voulez dire : pour mourir – n'est-ce pas? (Il ne distinguait plus très nettement le docteur.) Dites? N'est-ce pas que c'est ça que vous voulez dire?

Le docteur lui effleura de nouveau le bras.

– Oui, Ganesh, oui. C'est très exactement cela que je veux dire.

Il pivota et s'éloigna à grands pas. Jeffrey s'essuya les yeux d'un revers de main. L'espace d'un instant, debout seul dans la cour, il s'efforça de se ressaisir. Le souvenir lui revint brusquement de la dernière maladie de sa mère. Cela avait été terrible, mais il n'était alors qu'un enfant. Cette fois c'était pire. Parce qu'il était plus âgé d'abord, mais aussi parce que plus personne n'était là, entre lui et les événements, plus personne ne lui tenait lieu de rempart, comme l'avait fait son père entre la mort de sa mère et lui. Durant quelques minutes, dans le soir qui tombait, il se débattit seul contre le désespoir. Puis il retourna dans la chambre, le sourire aux lèvres.

– Bon, le docteur dit que...

– Je sais. (La voix de son père était à peine un murmure.) Je sais ce que dit le docteur.

– Il dit que tu dois te reposer davantage.

– Ganesh, mon garçon, viens. Viens t'asseoir ici. (Il tapotait un coin du lit.) Le moment est venu de ne plus tricher avec la vérité.

Jeffrey vint s'asseoir, s'efforçant de sourire.

– Je t'aime bien, mon garçon, tu le sais. Mais la vérité, c'est que je n'ai plus beaucoup de temps à passer auprès de toi.

– Ce n'est pas vrai!

– Si, c'est vrai. Et nous le savons tous deux. N'est-ce pas?

Jeffrey sentait ses lèvres trembler si violemment qu'il ne put dire un mot.

– Il y a des choses, murmurait M. Moore, qu'il est grand temps de dire.

– Ne parle pas, papa. Repose-toi. Nous parlerons plus tard.

– Non, *tout de suite*, Jeffrey. Ecoute-moi bien. Dans le tiroir de la table, j'ai mis pour toi quelques instructions. Il faudra les suivre. (Il se tut, le temps de reprendre souffle.) Au fil des ans, j'ai mis de côté pour toi un petit pécule – un peu d'argent pour ton avenir... Voilà, maintenant l'avenir est là. Suis mes instructions. Elles te mèneront... (il reprenait son souffle)... chez un homme, à Madras, qui s'occupera de tout.

– Qui s'occupera de quoi, papa?

– De ton départ pour l'Amérique. (M. Moore, lentement, vint poser sa main tremblante sur l'avant-bras de son fils.) Ta tante qui souhaitait toujours si fort que tu viennes vivre auprès d'elle...

Cela, Jeffrey le savait. Sa tante, qui était veuve, écrivait souvent pour l'encourager à venir en Amérique.

– Je veux que tu ailles là-bas, dit son père.

– Mais je ne veux pas te quitter, et pas davantage quitter l'Inde!

– Jeffrey, mon grand, c'est moi qui vais te quitter, que tu le veuilles ou non...

Alors, Jeffrey n'y tint plus. Il prit sa tête dans ses mains et se mit à sangloter.

– Ecoute-moi, mon garçon. Je n'ai pas peur de la

45

mort, je te l'ai dit. C'est pour toi que je me tourmente. Pour toi seul. Et je veux que tu partes d'ici, au moins pour un temps. Le temps de faire tes études, d'acquérir de l'expérience. Reviens plus tard, si tu le veux... (il cherchait son souffle)... Mais, après avoir tâté d'autre chose, fais l'expérience d'une nouvelle vie. C'est une chose que tu te dois. Et j'avais promis à ta mère...

– Je ne veux pas partir.

– Promets que tu suivras mes instructions!

M. Moore s'était soulevé sur ses coudes, et, le visage terreux, déformé par l'effort, il haletait.

Jeffrey, pris de panique, le força doucement à s'allonger de nouveau.

– Je promets, dit-il très vite. Je te le promets, mais maintenant, repose-toi! S'il te plaît! Je promets.

M. Moore, avec un soupir, se renversa sur ses oreillers. Puis il adressa à son fils une sorte de triste clin d'œil.

– Je t'ai bien eu, murmura-t-il. J'ai triché, mais je t'ai eu. N'importe comment, tu as promis. Tu as promis, Jeffrey, tu as promis.

Chapitre 5

Une semaine s'écoula, sans aucun fait marquant, sans la plus petite attaque, et Jeffrey commença à reprendre espoir. Son père avait un excellent moral, lui aussi; on aurait pu croire, à le voir, qu'il souffrait tout simplement d'un rhume d'été. Le jour, il reposait sur son lit en silence, et le soir, cramponné au bras de Jeffrey, il se traînait dehors, jusque sous le figuier. Un soir, il eut ces mots :
– Je ne peux pas t'en vouloir de détester Swamiji. Il a pris un temps que j'aurais dû te réserver à toi. A présent, je n'ai plus besoin de lui. Mais il m'a fallu des années pour apprendre que ma réponse n'est pas en lui, mais en moi. Et en toi aussi, Jeffrey, et en ces chauves-souris qui volètent autour de nous, et en nos voisins du village, et en celui que j'entends rire là-bas, quel qu'il soit. Nous ne sommes tous qu'une seule conscience.

Une autre fois, il dit encore :

– Souviens-toi de ceci, Jeffrey. L'âme est un oiseau. Le nid qu'elle bâtit, c'est le corps. L'oiseau fait son nid, élève ses petits, et puis s'envole au loin. Le nid se désagrège et pourrit, mais l'oiseau fait un autre nid. C'est ça, la vie et la renaissance, mon grand... Ne m'en veuille pas pour ces prêchi-prêcha, mais le temps manque pour laisser les choses venir d'elles-mêmes.

Il dit encore :

– Travaille dur, Jeffrey. Quand ce ne serait que parce que le travail t'est donné. Fais ton travail avec détachement – fais-le parce que c'est ton travail, et pas pour une autre raison. Souviens-toi que je t'ai dit ça.

Et puis, un soir, souriant, il demanda :

– Divali ne serait-il pas demain, par hasard ?

Oui, le lendemain était Divali, la plus grande fête en Inde, celle qui célèbre le triomphe du bien sur le mal.

– Je crois bien que si, dit Jeffrey.

– Tu *crois bien* que oui ? Allons, où vas-tu fêter Divali ?

– Nulle part ?

– Comment cela ? Tu n'as été invité nulle part ?

– C'est-à-dire que... Rama...

– Alors, vas-y.

– Non, papa. Je n'irai pas.

– Tu n'as pas envie d'y aller ?

Jeffrey secoua la tête, bien qu'il eût le cœur serré à l'idée de manquer Divali. C'était une fête

dont ils parlaient des mois à l'avance, ses camarades de classe et lui.

– Vas-y, Jeffrey.

– J'aime mieux rester ici.

– Va donc chez Rama. Va. Divali est une fête
merveilleuse. Profites-en. Va chez Rama.

Et c'est ainsi que le lendemain, au crépuscule,
après avoir retapé les oreillers de son père et
une dernière fois tiré sur le drap, Jeffrey s'ap-
prêta à quitter la maison pour aller à la fête chez
Rama. Il promit qu'il n'y resterait qu'une heure,
et répéta une dernière fois qu'il ne tenait pas
tellement à y aller; pourtant son cœur battait
déjà au bruit des premiers pétards explosant
dans le lointain.

Un moment encore, il garda dans la sienne la
main de son père, puis il se hâta dans le soir
tombant. Il traversa le centre du village, où les
festivités, entamées déjà depuis plusieurs jours,
allaient battre leur plein cette nuit-là. Un léger
nuage d'une fumée âcre flottait bas sur les rues
en folie. Chaque boutique était décorée de lan-
ternes multicolores – son père avait dit à Jeffrey,
un jour, que cela ressemblait un peu à Noël en
Amérique. Un jeune homme venait de mettre le
feu à une guirlande de pétards qui alla rebondir
aux pieds d'une bande de filles poussant des cris
aigus. De la campagne environnante arrivaient
par dizaines les paysans des environs, venus
pour admirer les illuminations et boire force

49

bolées de *toddy**. Les sonnettes de leurs vélos tintaient sans discontinuer le long de la rue principale. Des marchands, cigare aux lèvres, proposaient des plumes de paon, des friandises, des saris aux couleurs éclatantes. Jeffrey salua du geste une bande de camarades de classe groupés près d'un marchand de thé, l'air de conspirer fort, et qui probablement s'apprêtaient à déclencher une généreuse pétarade.

Délaissant la voie principale, Jeffrey tourna dans un petit chemin; le silence subit le dégrisa d'un coup. Avait-il bien fait de quitter la maison? Il s'était fait serment de ne jamais, jamais la quitter – mais enfin, c'était son père lui-même qui l'avait encouragé à sortir! Il n'avait pas eu la moindre attaque depuis des jours; et cet après-midi, il avait presque repris des couleurs... Pourtant, pourtant – oh, pourquoi avoir quitté la maison? Pourquoi? Parce que c'était terriblement déprimant de rester enfermé si longtemps... et parce que c'était Divali!

Jeffrey poursuivit son chemin, sifflotant un air plein d'entrain, bien accordé à l'ambiance de cette soirée. Derrière le mur d'un jardin, on devinait que s'allumaient des feux de Bengale. Une flamme bleue fusa dans le ciel, au bout du chemin, puis éclata en une gerbe de traînées rouges et vertes; une fusée venait d'exploser

* Toddy : jus de palmier fermenté.

50

au-dessus des palmiers. Jeffrey tourna pour entrer chez Rama. La maison était grande, elle comportait deux étages, ainsi qu'un garage – le père de Rama était l'un des huit possesseurs d'automobile du village.

Rama et ses frères étaient déjà au jardin, fort occupés à allumer toutes sortes de pièces de feu d'artifice, çascades, soleils tournants, comètes, élevant au-dessus des grands massifs de fleurs un véritable mur de lumière et de pétarade. Rama courut vers son ami et bientôt tous deux s'absorbèrent à allumer encore d'autres pièces de feu d'artifice, cependant que les serviteurs de la maison faisaient circuler des plateaux chargés de riz sucré et de boissons douces. Le père de Rama, en pantalon et chemise polo, officia lui-même quand vint le moment de mettre à feu les bombes lumineuses, plus dangereuses que les autres pièces, et dont l'explosion avait de quoi vous faire éclater le tympan. Après quoi tout le voisinage s'embrasa, se zébra de stries fulgurantes et de traînées scintillantes. L'arrière-grand-mère de Rama, assise sur le perron, suçait ses gencives édentées et se régalait de la fête, de toutes ces couleurs et de tout ce mouvement. A la cuisine, la mère et la grand-mère de Rama surveillaient la préparation d'autres mets et d'autres douceurs. Bientôt viendraient les cadeaux et les jeux, et des visiteurs accourraient, de tous les coins du village, pour terminer la veillée par des chants populaires.

Comme il s'apprêtait à allumer une chandelle, Jeffrey jeta soudain un coup d'œil sur Rama, qui lui répondit d'un coup d'œil complice, puis sur le père de Rama, qui se penchait pour allumer un soleil tournant.

Le père de Rama... Le père de Rama... Le *père*.

Jeffrey eut l'impression d'une gifle d'air froid sur son front. Abandonnant sa chandelle, il tourna les talons, et partit en courant.

– Hé, où vas-tu? lui lança Rama. Ganesh! Ganesh?

Mais Jeffrey courait dans la nuit déchirée par les détonations et par l'éclair des fusées qui griffaient le ciel de gerbes de lumière.

Parvenu au portail du jardin, il eut un soupir de soulagement. Tout au long de sa course, il s'était figuré que quelque fusée égarée avait mis le feu à la bâtisse. Mais seule une lampe électrique éclairait l'intérieur de la petite demeure – son père était sain et sauf. L'espace d'un instant, l'idée vint à Jeffrey de retourner chez Rama. Mais non, autant valait au moins aller voir son père en passant, après tout ce chemin! Alors, Jeffrey entra.

Il y avait un homme au chevet de son père.

C'était un prêtre du temple hindou, avec qui son père avait souvent parlé de Dieu.

Vêtu seulement d'un *dhoti*, l'homme était debout près du lit, les mains jointes comme pour la prière. Il parlait. Parlait-il au père ? Murmurait-il des incantations ?

Lentement, Jeffrey s'approcha. A la droite du prêtre, il aperçut la tête de son père; les yeux étaient clos.

Alors il bondit en avant.

Le prêtre eut un sursaut, se retourna. Il s'écarta pour laisser Jeffrey voir son père. Les yeux étaient fermés, les lèvres serrées.

– Il y a un petit moment... expliqua le prêtre à mi-voix. C'est la gouvernante qui l'a trouvé. Elle a envoyé quelqu'un me chercher.

– Il y a un petit moment ? répéta Jeffrey.

Il se demandait combien de temps il avait été absent. Il s'approcha du lit et baissa les yeux. C'était bien son père, mais le visage en paraissait resserré, comme rétréci, le long nez aquilin avait quelque chose de plus aigu encore, presque décharné déjà. Les lèvres de Jeffrey se mirent à trembler.

– Il avait ceci dans sa main. (Le prêtre tendait à Jeffrey un feuillet de papier jaune.) Il devait être en train de l'écrire quand c'est arrivé.

Jeffrey lut : « Un saint homme a dit un jour : " Je suis censé être en train de mourir. Mais comment puis-je mourir ? Je suis ici ! " »

Jeffrey leva les yeux vers le prêtre.

– Excellent signe, commenta celui-ci.

53

Jeffrey serrait entre ses doigts le feuillet de papier jaune; il le relut. Les mots griffonnés flottaient devant ses yeux. Il regarda son père; sur le visage aux yeux clos, la peau n'était à présent qu'une sorte de parchemin terne. C'était son père, et ce n'était pas lui; il était gris, lointain, irréel... Le prêtre parlait d'une voix égale, comme il aurait parlé de la pluie et du beau temps : M. Moore, étant donné sa personnalité, recevrait les rites funéraires réservés aux brahmanes – avec certaines omissions, naturellement, puisqu'il n'appartenait pas officiellement à cette caste. Cependant, M. Moore avait mené une vie exemplaire; il avait fait œuvre utile et, plus important encore, il s'était rendu sur de nombreux lieux saints en compagnie du Swami; de plus, à l'instant de sa mort, il avait écrit des mots d'excellent augure – aussi, le lendemain, recevrait-il des funérailles selon le rite brahmane, légèrement modifié...

Jeffrey s'agenouilla, se laissant tomber comme une masse; il oscillait doucement. Son père était grisâtre, il avait les yeux clos, les lèvres serrées. Son père était mort.

– J'ai demandé que l'on aille prévenir, au temple, poursuivait le prêtre. Ils s'occuperont de tout. J'ai aussi prévenu, pour la crémation... Ganesh?

Jeffrey leva son regard vers le prêtre; c'était un petit homme trapu, au crâne rasé – à l'exception d'une unique mèche, longue et noire, vers l'arrière. Trois points de cendres marquaient son front; c'était un dévot à Shiva. Il parlait. Que disait-il? Qu'avait-il dit?

– Ganesh, disait le prêtre. Pour les rites funéraires. Il va falloir payer.

Jeffrey acquiesça du menton, indifférent.

– As-tu l'argent, là, tout de suite?

Jeffrey eut un vaste geste de la main et continua d'osciller lentement.

– Pourras-tu l'avoir demain?

Jeffrey fit signe que oui.

– Demain matin?

Il acquiesça.

– Parce qu'il faut bien payer les gens, tu comprends. Il faut acheter le bois du bûcher, le *ghee**, les fleurs... Demain matin, le plus tôt possible?

Jeffrey acquiesça.

Un silence complet tomba sur la pièce, que nulle mouche même ne venait troubler; Jeffrey pensa que le prêtre était parti.

Puis une voix s'éleva derrière lui, qui murmurait doucement :

– Ganesh... Va dans ta chambre, cette nuit. Ne reste pas ici.

Jeffrey esquissa un vague signe de tête, mais ne bougea pas. Il resterait près de son père cette nuit.

---

* Ghee : sorte de beurre fondu.

– Quelle heure est-il, s'il vous plaît? demanda-t-il sans même relever la tête.

Le prêtre lui donna l'heure.

Plus de deux heures, déjà, depuis qu'il avait quitté la maison! Jeffrey réfléchit amèrement que s'il était rentré plus tôt, comme promis, il aurait peut-être revu son père vivant. Se le pardonnerait-il jamais? Et cela, pourquoi? Pour quelques gerbes de feu d'artifice, pour quelques sucreries, un peu d'excitation.

Il regarda le papier dans sa main; il l'avait froissé, à le serrer si fort. Il le relut encore une fois. Le dernier mot, « ici », était plus mal écrit que le reste, et le point d'exclamation final avait dérapé en oblique... Son père avait-il écrit ces mots au moment même de la dernière attaque? Que voulait dire le prêtre, avec son « excellent signe? » Sans doute voulait-il dire par là que cet indice favorable promettait, selon la foi hindoue, une heureuse issue pour l'âme du défunt. Oui, mais *quelle* âme? Il n'y avait pas d'âme. Swami et les autres n'avaient pas secouru son père quand il en avait besoin. Ils ne faisaient rien, ne servaient à rien, ces hommes en quête de Dieu. Tout ce qu'ils avaient su faire, c'était épuiser son père en l'entraînant dans tous ces pèlerinages, en le menant de temple en temple, jusqu'à user son cœur, jusqu'à le consumer.

« Je suis censé mourir. Mais comment puis-je mourir? Je suis ici! »

Non, son père n'était pas ici. Quelque chose gisait sur le lit, quelque chose de gris qui rétrécissait, se racornissait, prenait peu à peu la teinte métallique du minéral.

Jeffrey s'allongea sur le sol, contemplant sans les voir les fissures du plafond, dans la lumière crue de l'ampoule nue. « Mais comment puis-je mourir ? » Son père était mort ; il n'était pas ici. Mais le prêtre avait parlé d'« excellent signe ». Peut-être père n'était-il pas mort vraiment ; peut-être était-il toujours ici ? Pourtant Jeffrey ne ressentait aucune présence, aucune autre que la sienne, la sienne qui avait trahi sa promesse, la plus grave de toutes les promesses. Pour deux ou trois feux de Bengale, il avait manqué son dernier rendez-vous avec son père, il avait perdu ses tout derniers moments.

Chapitre 6

Il s'éveilla avant le jour; la lampe était toujours allumée, et l'on s'affairait dans la pièce. Le parfum entêtant des fleurs et de la pâte de bois de santal emplissait toute la pièce, avec le murmure des incantations; dehors, par-delà la fenêtre ouverte, les appels criards des corbeaux annonçaient le jour tout proche. Jeffrey se leva, se frotta les yeux. Il fit l'effort de regarder son père; le visage éteint disparaissait presque sous les pétales de lotus. Sans doute étaient-ce les deux vieilles femmes à son chevet qui l'avaient revêtu de ce dhoti d'un blanc immaculé, qui lui avaient passé au cou cette guirlande de fleurs fraîches. Assis jambes croisées dans un coin de la pièce, le prêtre était penché sur un livre de prières en sanskrit, et murmurait tout bas, très vite.

Jeffrey sortit, alla se laver, et revêtit lui-même un dhoti. Il savait parfaitement manier le long coupon d'étoffe, s'en draper en laissant libres les « ailes » du dhoti, qui venaient battre les chevil-

les. Il savait, comme tout Indien, combattre la
touffeur des heures chaudes en relâchant légèrement les plis de l'étoffe à la taille, en permettant
à la brise de s'y glisser et d'aérer le corps. A cette
heure-ci, cependant, l'air était presque frais. Jeffrey se brossa les dents, au fond de la cour, puis
il alla, comme d'habitude, voir si les poules
avaient pondu dans le petit poulailler. Il s'efforçait de ne pas penser; il s'activait seulement,
dans les premières lueurs du jour, attentif à
chaque geste. Il faisait presque frais, son père
était mort; un seul œuf dans le poulailler, son
père était mort; les corneilles à présent menaient
grand tapage dans les branches du figuier, son
père était mort.

Son esprit, malgré lui, revenait toujours à ces
mots : « Je suis ici. » Ici, mais où? Son père
voulait-il dire qu'il flottait, invisible, dans la
chambre, qu'il errait à travers le village, ou
peut-être sur cette terre de l'Inde, ou dans l'espace – ou encore voulait-il dire « ici » au sens
abstrait, spirituel, comme une essence éthérée,
comme cet esprit, cette âme dont il est question
dans les livres? Dans la tête de Jeffrey, ces idées
tournaient en rond, semblables à ce bois de
flottage qui parfois se bloque en un point d'un
fleuve et refuse d'aller plus avant; sa pensée était
incapable de passer à autre chose. Il tenta de
chasser ces idées, de les faire dériver plus avant,
mais elles revenaient, têtues, tandis que tout le

59

reste défilait passivement, à l'état d'impression pure et fugitive. « Je suis ici. » Dans la chambre ? Sur terre ? Dans l'univers ? Avec Dieu ? Mais qui était Dieu, ou qu'était-il – et quel rapport avec son père, qui à présent gisait là, couvert de fleurs, sa peau grise pénétrée de pâte de santal, ses mains inertes incapables de chasser les mouches ?

Toute la matinée, Jeffrey se tint dans la pièce de devant, tandis que défilaient les gens du village venus rendre hommage au mort. Lorsque Rama vint à son tour, il avait l'air gêné, comme coupable. Sans doute se souvenait-il de leur gaieté de la veille, à l'instant précis où un homme était mort. Les deux garçons sortirent ensemble, et se tinrent debout, en silence, à l'ombre du vieux figuier, sous la chaleur croissante. Durant de longues minutes, ils n'échangèrent pas un mot. Puis Rama demanda brusquement :

– Et maintenant, Ganesh, où comptes-tu aller ?

Jeffrey eut un vague haussement d'épaules.

– Je ne sais pas. Je n'arrive pas encore à y penser.

– J'aimerais bien que tu restes ici.

– C'est ce que j'aimerais aussi.

Ils regardaient à leurs pieds, jouant distraitement avec la poussière, de la pointe de leurs sandales.

– Père voulait que je parte, dit Jeffrey.

– Oui. C'est normal, ça ne m'étonne pas.

Jeffrey, surpris, regarda son ami.

– Mais pourquoi?

– Du moment qu'il n'était plus avec toi, tu comprends, c'est normal qu'il préfère que tu ailles dans ton pays.

– Mais c'est ici, mon pays. (Jeffrey tapait le sol du pied.) Ici. Pas ailleurs.

– C'est vrai – et pourtant...

– Pourtant quoi? Est-ce que je ne suis pas chez moi, ici? Rama?

– Bien sûr que si. Autant que moi. Moi, je voudrais que tu restes ici toujours, parce que tu es mon ami. Seulement...

– Seulement quoi?

– Ce ne sera plus la même chose, tu sais, sans ton père.

– Pourquoi? Je m'en sortais bien, tout seul, chaque fois qu'il s'en allait!

– Mais tout le monde savait qu'il allait revenir.

Jeffrey réfléchit un instant, puis il reprit :

– Rama... Que cherches-tu à me dire, au juste?

– Eh bien... qu'il y a des gens, au village, qui vont penser que tu n'as plus rien à faire ici.

Rama fixait le sol, le regard vide.

– Mais il y a cinq ans que j'habite ici.

– Oui, mais eux, ils habitent ici depuis des générations. Et puis... tu es un étranger.

– Je suis indien!

Rama hocha tristement la tête.

– Il y a des gens qui ne le verront pas comme ça. Moi, si, bien sûr, pas de problème. Mais eux, non.

Ils diront que tu ferais mieux de partir, maintenant que ton père n'est plus en pèlerinage avec
Swamiji. Il faut bien le dire, ils te traiteront
sûrement d'une autre façon que jusqu'à maintenant.

– Je ne crois pas.

Rama fixa le sol intensément une minute
encore, puis, soudain, il empoigna le bras de son
ami.

– Ganesh, dit-il très vite, je me sens plus proche
de toi que d'aucun de mes frères. Je ne t'oublierai jamais.

Et là-dessus il s'éloigna, la tête basse, traînant
les pieds, les poings enfoncés dans ses poches.

Le prêtre alors appela Jeffrey pour lui parler à
l'écart.

– Il fait très chaud, aujourd'hui, Ganesh. J'ai
parlé à Subish – tu connais Subish?

Jeffrey fit signe que oui. Subish possédait une
boutique de thé, et c'était lui qui procédait aux
crémations, dans le village.

– Subish estime qu'il faudrait faire cela dès ce
soir.

– Déjà?

L'idée de procéder aux funérailles le jour
même le submergeait de stupeur; il n'était pas
prêt encore.

– Pourquoi ne pas attendre au moins jusqu'à
demain?

– Demain, cela risquerait d'être peu agréable.

Jeffrey comprenait fort bien ce « peu agréable ». Le prêtre voulait dire par là que le corps, par cette chaleur, commencerait à exhaler des odeurs incommodantes. Cette idée lui souleva le cœur : son père, sentir mauvais !

Quelques heures plus tôt, ce matin-là, après avoir croqué une galette de riz pour tout petit déjeuner, Jeffrey avait sorti de leur tiroir les instructions paternelles. Elles l'avaient dirigé vers un petit coffre-fort, enterré près du poulailler ; il l'avait ouvert avec la clé qu'il avait trouvée, collée à la bande adhésive, dans l'enveloppe aux instructions. Jamais jusqu'alors il n'avait vu son père aussi minutieux, aussi méthodique, aussi prévoyant dans les moindres détails. De la pile de billets cachée à l'intérieur, Jeffrey avait sorti les roupies nécessaires au paiement du prêtre et de tous les officiants. Après quoi, refermant le coffre, il l'avait attaché à l'aide d'un cadenas, suivant les instructions paternelles, au bout d'une petite chaîne passée dans un anneau scellé au mur, et qui avait jadis servi à attacher un bœuf, à côté du poulailler. Puis il avait camouflé le tout sous des feuilles.

A présent que le prêtre et ses assistants avaient été payés, ils étaient pressés d'en finir.

– Bien, ce soir donc, dit Jeffrey, indifférent.

Alors le prêtre, avec un soupir, se hâta d'aller faire en sorte que les préparations en cours s'accomplissent sans retard. Jeffrey retourna dans la pièce de devant où, en l'absence de ventilateur, la chaleur se faisait accablante, pour recevoir d'autres habitants du village venus rendre hommage au mort. Ils entraient en silence, les mains jointes, et souvent se prosternaient devant le lit de son père.

« Rama se trompe, se disait Jeffrey. Ces gens-là ne me laisseront pas tomber. »

Chapitre 7

Vers la fin de l'après-midi, à l'heure où les ombres, s'allongeant, grignotaient de minute en minute les murs gris de la maisonnette, Jeffrey vit arriver la civière, portée par quatre robustes jeunes gens; elle était garnie de fleurs. Les porteurs soulevèrent le corps, le déposèrent sur la civière; Jeffrey serra les poings. Le prêtre avait fait appel à un flûtiste et un tambour pour la procession funèbre. Ils adressèrent à Jeffrey un grand sourire, et leurs yeux rouges semblaient indiquer qu'ils avaient déjà bu. D'autres hommes, à l'écart, se rassemblant pour la procession, faisaient circuler une bouteille et buvaient au goulot tour à tour. Ce qu'ils buvaient là, c'était de l'*arrack*, une boisson fortement alcoolisée à base de sève de palmier fermentée. Ce liquide incolore ressemblait à de l'eau, mais chaque gorgée les forçait à reprendre souffle, haletants.

65

– Ganesh, dit le prêtre en lui plaçant dans les mains une lampe à huile allumée. Je t'ai apporté la flamme du temple.

– Merci, dit Jeffrey, reconnaissant.

C'était à lui qu'il reviendrait d'allumer le bûcher funèbre; il ne fallait le faire qu'avec une flamme sacrée. C'était de la prévenance, de la part du prêtre, que d'avoir apporté le feu du temple.

Le cortège funèbre, composé d'une vingtaine d'hommes entourant la civière mortuaire, s'ébranla bientôt au rythme animé du tambour. Le prêtre ouvrait la marche, immédiatement suivi de Jeffrey, portant la lampe – en fait, une sorte de bol de cuivre, empli d'huile, avec une mèche flottant au centre. La procession s'engagea dans le chemin, et sur son passage les habitants des maisons voisines s'avançaient à leurs portails, en silence, pour la regarder passer. Trois ou quatre gamins, se joignant au cortège, dépassèrent la civière à toutes jambes – c'était le joueur de tambour qui les fascinait, avec son instrument double suspendu à une sangle passée à son cou. Plusieurs des participants, faisant circuler la bouteille, se livrèrent bientôt à une sorte de danse au pas traînant, dans la poussière de la route. Ils claquaient des doigts et carraient les épaules, comme des coqs de combat gonflant les ailes; ils tournoyaient les uns autour des autres, la mine figée, solennelle, entièrement absorbés par le mouvement à exécuter. Puis le son de la flûte s'éleva, et vint accompagner le tambour. C'était une longue flûte de bambou, et le flûtiste se jouait de la gamme sans effort apparent, sur un rythme insouciant, sortant de son instrument des sons ténus, pleins de légèreté. De plus en plus de monde venait se masser sur le bord de la route. Certains se joignaient au cortège et faisaient passer des bouteilles d'arrack; d'autres jetaient des fleurs sur les pas du convoi.

Jeffrey regardait droit devant lui et s'absorbait dans sa marche, attentif à ne pas renverser l'huile de sa lampe. Là était son rôle – transporter la flamme. Il fallait se concentrer là-dessus, ne penser à rien d'autre. Mais le monde extérieur s'imposait à sa conscience malgré lui : il entrevoyait, sur le pas des portes, ces visages curieux ou solennels, il entendait derrière lui les trilles enjouées de la flûte et le battement du tambour, et il savait bien, sans même regarder en arrière, que certains hommes dansaient – lui aussi, petit garçon, il avait parfois escorté des cortèges funèbres...

La procession serpentait à présent à travers le quartier des boutiques, attirant les regards des curieux; un peu partout, on levait les yeux – les marchands derrière leurs étals ou les hommes buvant du thé dans la pénombre des échoppes. Les scooters, par contre, croisaient ou doublaient le cortège sans ralentir, indifférents, et les postes de radio continuaient de bramer imperturbablement. D'autres hommes encore se joignirent aux danseurs, et bientôt ils furent une bonne douzaine à bondir et effectuer des pas de danse devant la civière et ses porteurs. Jeffrey, par-devant, s'efforçait de ne songer qu'à la petite flamme entre ses mains, fusant du bol de cuivre, mais sa pensée lui renvoyait sans cesse, par à-coups, l'image cruelle qu'il tentait de chasser : derrière lui, à moins de dix pas, son père couvert de fleurs gisait sur la paille d'une civière; et c'était lui qu'on emportait à travers les rues du village, en ce jour pareil aux autres, vers le lieu de la crémation.

Enfin le cortège laissa derrière lui l'animation du village, pour déboucher sur la grand-route qui menait à la rivière proche et au site réservé aux crémations. Dans le soleil du soir, entre les troncs d'arbres, Jeffrey aperçut au loin le bûcher qui attendait, et il sentit ses jambes se dérober sous lui. Non. Regarde la flamme. Surveille la flamme. Elle seule compte. Veille sur elle.

Dès que la procession eut atteint la lisière du champ crématoire, la flûte et le tambour se turent, les danseurs s'écartèrent, l'atmosphère se fit grave et recueillie. Tous les regards étaient fixés sur le bûcher, qui avait été monté en disposant alternativement des couches de bûches de chêne et des couches de bouse de vache séchée – pour conserver la chaleur le plus possible. L'ensemble s'élevait à peu près à hauteur de poitrine d'homme.

A côté de la plate-forme de ciment sur laquelle s'élevait le bûcher, Jeffrey reconnut Subish, le responsable des crémations au village, qui lui adressa un sourire. Subish arborait le bouc. De son short kaki, pas même propre, sortaient deux jambes maigres aux mollets de coq; il avait le torse nu, et une vieille casquette de marin, élimée, négligemment plantée en arrière du crâne. Jeffrey fut blessé de lui voir ce laisser-aller; il aurait tout de même pu soigner sa tenue.

Les porteurs soulevèrent doucement le corps et le déposèrent sur le lit de bûches, au sommet du bûcher.

« Je suis ici. » Ces trois mots étaient de retour dans la tête de Jeffrey. Il ravala ses larmes. Il s'imposa, pour se raffermir, de fixer la flamme rousse qui dansait à la surface de l'huile incolore.

Un long moment encore, Subish et ses assistants s'employèrent à compléter le bûcher, en y ajoutant plusieurs couches successives de bûches et de bouse sèche, autour du corps et par-dessus. Ils ne laissèrent à l'air libre que l'espace situé au-dessus du visage et du buste du mort. Jeffrey, durant tout ce temps, n'enregistrait plus que les bruits : le choc des bûches entassées l'une sur l'autre, le souffle des hommes au travail, le bruissement des feuilles d'un arbre Bô*, près de la rive, que le vent agitait doucement. Souvent il jetait un coup d'œil à la petite flamme que les bourrasques couchaient presque; pour ne pas se laisser aller au désespoir, il tentait de se concentrer sur ce cône mouvant. Il y avait aussi ce *mantra* – Om Namah Shivaya – à l'aide duquel il se préparait au yoga... Mais décidément non, il ne se sentait capable d'évoquer aucun dieu. Les dieux l'avaient trahi.

Le bûcher fut enfin achevé. Le prêtre s'avança, récita des couplets tirés des livres sacrés; pendant ce temps Subish, muni d'un seau de graisse fondue, faisait le tour du bûcher pour en asperger le bois, afin de lui permettre de s'enflammer plus vite. Puis le prêtre, s'inclinant, saisit une poignée de fleurs dans la vaste corbeille déposée là à cet effet, et la jeta sur le bûcher. Après quoi toute l'assistance, tour à tour, s'approcha du bûcher pour y jeter des fleurs, inclinant la tête au passage. Vint le tour de Jeffrey. Il se pencha vers la corbeille, plongea dans les pétales une main qui tremblait violemment. Puis, les doigts crispés sur une poignée de pétales blancs et pourpres, il s'avança vaillamment près du bûcher, et jeta les fleurs au parfum sucré vers le visage éteint de son père. Il aurait voulu dire quelque chose – il ne savait plus quoi. Longtemps après, revivant

* Arbre Bô : autre nom du *Ficus religiosa*

cet instant, il devait retrouver ce qu'il aurait tant
voulu dire alors. C'était une interrogation. Père,
où es-tu? Es-tu ici, vraiment? Ton visage me dit
que non. Il n'y a plus rien derrière. Mais pourquoi disais-tu « Comment puis-je mourir? Je suis
ici »?

Jeffrey s'écarta pour laisser place au prêtre,
qui dit encore d'autres prières. Subish, pendant
ce temps, avait sorti d'un bâtiment voisin une
jarre de terre cuite, qu'il tenait entre deux épais
tampons d'étoffe, et qu'il déposa aux pieds de
Jeffrey. La jarre contenait des charbons ardents.

Jeffrey savait ce qu'il avait à faire. Il prit des
mains de Subish les deux tampons d'étoffe, et
empoigna les flancs de la jarre. Il la souleva
doucement, l'emporta jusqu'au bûcher, et là, l'élevant au-dessus de la poitrine du mort, il l'inclina
lentement pour en déverser les charbons ardents.

Puis, se retournant, il chercha des yeux une
pierre. Subish, du geste, lui en indiqua une,
encastrée là dans le sol tout exprès. Et Jeffrey
projeta vigoureusement la jarre contre la pierre,
et la terre cuite se brisa en tessons ocres.

Alors, sur un hochement de tête du prêtre,
Jeffrey reprit sa lampe à huile. Il s'aperçut soudain que ses mains ne tremblaient plus. Accomplir le rituel avait raffermi ses gestes. « Tu vois,

j'y arrive, père, songea-t-il. Je le fais comme il faut le faire. »

Subish venait d'apporter un long bâton à l'extrémité enveloppée d'un linge, qu'il avait trempé dans le ghee fondu. Jeffrey effleura de la flamme de sa lampe le linge trempé de graisse. La flamme s'élança avec un petit bruit avide, et se répandit sur tout le linge, transformant le bâton en torche. Une fois de plus, le prêtre hocha la tête. Jeffrey, qui avait compris, s'avança résolument du bûcher pour en effleurer le flanc de sa torche. Avec un bruit plus avide encore, la flamme bondit et prit possession des bûches dégoulinant de graisse. Jeffrey contourna le bûcher pour mettre le feu de l'autre côté. Quelques secondes plus tard, le bûcher tout entier disparaissait derrière un rideau de flammes, dans une violente lumière jaune, et l'intense chaleur dégagée fit reculer l'assistance. Jeffrey jeta un coup d'œil sur ses compagnons. Aucun d'eux ne regardait le bûcher, redoutant d'empêcher par là l'âme du mort de se dégager de ses liens terrestres. Mais Jeffrey, lui, regardait. A travers la danse des flammes et l'échafaudage complexe de bûches et de bouse séchée, il entrevoyait le cœur du bûcher, le paquet entreposé là. Non, personne ne pouvait retenir l'esprit de son père, si cet esprit existait. Si son père avait une âme, elle s'élèverait d'elle-même, et rien ne pourrait l'arrêter. S'il en avait une. Mais son père avait-il une âme, un esprit, quelque chose qui ne meure jamais? Son père était-il ici?

« Je suis ici. »

Mais ce n'était pas vrai. Jeffrey s'assit par terre. Les flammes s'élevaient, vives, elles s'élançaient vers le ciel du soir, et la chaleur du bûcher venait s'ajouter encore à la touffeur de cette fin de journée. Jeffrey sentait des filets de sueur couler le long de son visage.

Le prêtre vint s'accroupir auprès de Jeffrey.

– Ne regarde pas, Ganesh.

– Si. Il le faut.

Le prêtre fit une grimace et se leva, sans jeter un coup d'œil au bûcher. Comme tout le restant de l'assistance, il quittait à présent le champ de crémation. Seul Subish, gardien de l'endroit, resterait sur place tant que le feu ferait rage. Les autres ne reviendraient qu'à l'aube, quand il ne resterait plus ici que des cendres.

Jeffrey regardait. Il avait pris la position du lotus, le Padmasana total, une posture apprise avec son gourou, patiemment, laborieusement, au cours des mois précédents; il fixait en aveugle, au cœur du brasier, ce long paquet sombre, emprisonné, derrière les bûches et les galettes de bouse séchée. Le soleil s'était couché, mais il ne s'en était pas même aperçu, tant l'absorbait la surveillance du déroulement de la crémation. Il

73

ne s'accorderait pas un regard de côté. C'était son père, là, dans les flammes; cette scène, il devait l'endurer, la vivre. Il ne détourna même pas son regard lorsque, à son horreur, d'énormes cloques commencèrent à se former sur le cadavre. Les fleurs et le dhoti s'étaient entièrement consumés, laissant le corps lui-même à nu; les flammes à présent dévoraient en dansant le tronc et les membres. Les odieuses cloques enflaient, se gonflaient, puis éclataient avec un pop-pop que Jeffrey n'oublierait jamais. Il regardait sans ciller les liquides internes suinter d'abord par les cloques crevées, puis sourdre et se répandre comme les sources de la terre.

« Je suis ici. »

De longues minutes plus tard, lorsque les liquides grésillants eurent fini de s'écouler, il sembla à Jeffrey que le cadavre de son père avait considérablement rétréci – il ne restait pratiquement plus que des os, garnis de quelques lambeaux de chair d'une pâleur blafarde, une sorte de blanc de craie. Des larmes vinrent aveugler Jeffrey, mais il ne détourna pas les yeux. Il n'avait pas le droit de se dérober, pas le droit de s'abstraire de ce qui arrivait à son père. Ou au cadavre de son père. A son père. Au cadavre. Aux deux? Ou à un seul des deux?

Le temps passait; le bois crépitait, craquait, éclatait, et la danse ondoyante des flammes hypnotisait peu à peu Jeffrey. Il avait perdu la notion du temps, il ne savait plus depuis combien de temps il était là – lorsque, brusquement, le cadavre s'assit.

Oui, son père s'assit. D'un seul bloc, comme on se relève d'un lit. Le tronc et la tête s'étaient soulevés du bûcher, éparpillant des bûches au passage.

Jeffrey sauta sur ses pieds en hurlant :
– Papa! papa!

Mais Subish surgit de nulle part, brandissant un gourdin. A grands coups vigoureux, il entreprit de rabattre le cadavre sur le bûcher.

Jeffrey se rua sur lui.
– Ne touche pas à mon père! Non, NON, je t'interdis de le frapper!

Subish ne prit pas seulement garde à lui; il continua de taper sur le corps jusqu'à ce qu'il l'eût ramené de nouveau bien à plat sur les bûches – chaque coup faisait jaillir de la masse sombre du cadavre une giclée d'étincelles. Après quoi, se retournant, il écarta Jeffrey d'un geste.
– Va t'asseoir là-bas si tu tiens à rester! Sinon, rentre chez toi. C'est moi qui commande, ici!

Brusquement ramené à la réalité par cet ordre, Jeffrey recula et s'assit un peu plus loin. Il était secoué de sanglots et de tremblements, incapable de croire à ce qui venait d'arriver. « Je suis ici. » Etait-ce cela que son père avait voulu dire? Qu'il se relèverait de lui-même sur le bûcher? Qu'il faudrait un gourdin pour le forcer à se

recoucher? Non. Bien sûr que non. « Je suis ici. »
Ces mots ne voulaient rien dire. Ils mentaient.

Pour finir, Subish s'approcha et vint s'asseoir à
côté de lui.

— Pardonne-moi de t'avoir crié après, Ganesh,
dit-il. Mais ce que tu as vu là, fort peu de gens
ont jamais l'occasion de le voir. Ce n'est pas plus
mal, d'ailleurs. Cela contrarierait inutilement les
familles. Mieux vaut qu'elles n'y assistent pas.

— Mon père... s'est assis.

Subish eut un gloussement; de sa casquette
élimée, il essuya son front ruisselant. A la lueur
du brasier, son crâne chauve reluisait comme de
l'ébène.

— Non, pas ton père, Ganesh, non. Ce n'est pas
lui qui s'est assis. Ça, c'est seulement le corps qui
se raidit quand il a perdu toute son eau. A tous
les coups ça se produit, ça ne rate jamais. Dans
les grandes villes, à cause de ça, on les attache
aux bûches avec du fil de fer, mais nous, ici, nous
faisons les choses à l'ancienne. Ma foi, je peux te
dire que j'en ai vu, bon sang! ils se redressaient
comme des ressorts, et on les aurait crus prêts à
s'échapper!... Allons, qu'est-ce que je te raconte
là? Il ne faut pas m'en vouloir, s'empressa-t-il
d'ajouter. Je parle sans réfléchir, tu vois...

Mais Jeffrey tendit la main et toucha le bras
trempé de sueur de Subish.

— Je te demande pardon, Subish, je n'aurais pas

dû crier comme ça. Mais l'espace d'un instant, je... j'ai...

– Tu as espéré.

Jeffrey acquiesça, s'essuyant le front d'un revers de main.

– Je pense que c'est ça. L'espace d'un instant.

– Oui. Pourtant, crois-moi, ce n'est pas là qu'il faut que tu cherches ton père.

Jeffrey porta son regard sur le gardien du bûcher, auquel jusqu'alors il n'avait accordé d'attention que pour condamner son short sale et sa casquette élimée. Il scrutait à présent le visage osseux, la barbiche en broussaille, le sourire auquel l'absence de deux incisives donnait un caractère tout particulier, les yeux au regard franc et chargé d'amitié. C'étaient ces yeux, surtout, qui parlaient à Jeffrey; ils avaient plus à dire que tout le restant de la personne.

– Mais alors, où dois-je le chercher? demanda Jeffrey.

Subish haussa les épaules en signe d'ignorance.

– Va au temple, comme tout le monde. Demande à Seigneur Shiva. Demande à Seigneur Krishna. Demande à la déesse Devi. Demande au dieu dont tu portes le nom – à Ganesh. Les dieux savent, eux. Moi, certainement pas.

– Mais que se passe-t-il en vérité, à ton avis? insista Jeffrey. Tu as vécu cela des quantités de fois. Tu vois les cadavres s'asseoir. Que penses-tu de tout cela?

– Moi? Je fais mon travail, je suis payé pour. Demain, quand j'aurai nettoyé la plate-forme, j'irai prendre un bain dans le fleuve, j'achèterai de l'arrack, je boirai un coup, et je ferai un petit somme. C'est toujours comme ça, pour moi. Je laisse les dieux s'occuper du reste.

Chapitre 8

La dernière chose dont devait se souvenir Jeffrey, de cette longue nuit, c'était la façon dont les flammes, imperceptiblement, s'étaient faites moins hautes, moins voraces; il les avait contemplées jusqu'à ne plus voir en elles qu'une espèce d'immense récipient, frémissant d'un liquide orange. Il lui avait semblé qu'une sorte de paix envahissait tout son être, comme si les flammes, en se calmant, apportaient le calme avec elles. On n'entendait plus que le chant des grillons, ou encore, de loin en loin, le hululement d'une chouette. Subish s'était endormi depuis longtemps, sa casquette roulée sous sa tête en guise de minuscule oreiller. Sa barbiche faisait une tache sombre sur sa peau brillante, qui luisait dans les reflets du feu. Oui, se disait Jeffrey – les flammes, puis l'ombre.

Il s'éveilla sans transition aux premiers appels des corneilles. Une petite troupe caquetante se chamaillait à grands cris au sommet d'un arbre proche. La première chose que vit Jeffrey, lorsqu'il ouvrit les yeux, ce fut l'image grotesque d'une énorme corneille qui se balançait sur un rameau trop ténu pour son poids.

Il s'assit. Il n'y avait plus de flammes, plus de feu non plus, plus rien que de la fumée s'élevant de l'amas calciné. On avait peine à croire que l'échafaudage de bûches, la veille, s'élevait à hauteur d'homme. Il n'en restait plus qu'un petit tas, haut d'à peine quelques centimètres.

Subish était déjà debout et en activité. Il remontait du fleuve, tout dégoulinant d'eau.

– Salut, Ganesh! dit-il, plein d'entrain, comme s'ils n'avaient jamais, tous deux, vécu ensemble cette terrible veillée. Tu devrais aller voir cette brume, sur le fleuve!

Jeffrey se leva. Il avait les jambes engourdies. Il descendit, dans le petit matin humide et frais, jusqu'à la rive du fleuve, et regarda la brume s'élever par lambeaux d'un bosquet de bambous. Ses tentacules blafards, éphémères, se déroulaient lentement des troncs minces pour aller se fondre et disparaître dans la trouée de lueur orange qui se coulait là-bas, vers l'est, et qui serait bientôt d'un rouge triomphal. Jeffrey s'avança dans l'eau, qui l'enveloppa de sa fraîcheur. Derrière lui les corneilles jetaient à tous les échos leurs cris rauques, tandis qu'une vache, sur l'autre rive du fleuve, meuglait pour saluer le jour. Jeffrey regarda le ciel. Un filet de lune y brillait encore, tout pâle, insolite, ponctuant l'instant irréel où le ciel bascule de la nuit au jour. Il se sentait bien. Son cœur était en paix. Jamais peut-être lever du jour n'avait été si beau.

Lorsqu'il regagna le bûcher, le prêtre s'y trouvait déjà, en compagnie d'une douzaine d'autres hommes – des cultivateurs qui connaissaient le père de Jeffrey.

– Es-tu prêt, Ganesh? demanda le prêtre d'une voix douce.

– Je suis prêt.

– Tu es resté ici toute la nuit?

Jeffrey fit signe que oui, et le prêtre haussa les épaules.

– Place ceci sur ma tête, veux-tu?

Le prêtre désignait une cruche de terre posée à ses pieds. Jeffrey la saisit et la tendit au prêtre, qui la maintint, de ses deux mains, sur sa tête. Subish alors suivit le prêtre jusqu'au bûcher fumant et, sur son ordre, perça un petit trou, de la pointe d'une pierre aiguë, dans le flanc de la cruche. Un filet d'eau jaillit et le prêtre, la cruche sur la tête, inclina le jet vers les cendres. Ce faisant, il se déplaçait, afin d'asperger tout le tas de cendres.

Jeffrey ne pouvait se retenir de songer que, parmi ces cendres, certaines n'étaient que des cendres de bois, et non les cendres de son père. Mais cela comptait-il? Etait-ce important? Ne l'était-ce pas? Et, dans l'un et l'autre cas, en quoi? pourquoi?

81

Déposant sa cruche au sol, le prêtre alors s'inclina vers le tas de cendres, et s'activa en silence. Quand il eut terminé, il appela Jeffrey, qui vit que le prêtre avait façonné, dans les cendres humides, une grossière forme humaine en relief.

– Passe-moi le lait, Subish, dit le prêtre, qui semblait enchanté de son œuvre.

Subish lui tendit une seconde cruche, que le prêtre éleva au-dessus de la silhouette humaine moulée dans les cendres. Puis, murmurant des incantations, il déversa lentement le lait, qui trouait les cendres légères de cratères minuscules, comme la pluie battant la poussière. Avec ce lait sacré, le prêtre avait purifié les cendres; elles étaient désormais lavées de tous les péchés du défunt.

– Voilà, dit-il avec un soupir, en se tournant vers Jeffrey. Maintenant, ramasse ces cendres, et va les jeter dans le fleuve.

– Pas dans ce fleuve-ci.

– Et pourquoi?

– Parce que je dois aller les jeter dans la Cauvery.

– Oui, c'est une rivière particulièrement sacrée, dit le prêtre, pensif. Mais c'est loin. Tu vas devoir payer le voyage. As-tu de quoi te payer le trajet en car jusque là-bas?

– Laisse-le donc faire ce qu'il veut, intervint Subish. De toute façon, les étrangers ont toujours de l'argent.

Jeffrey sentit son cœur faire un bond. C'était la première fois, sauf erreur, qu'il entendait quelqu'un du village le traiter d'étranger.

– Bien, si tu as de quoi te payer le voyage, dit le prêtre, va jeter les cendres dans la Cauvery. C'est plus sacré là-bas qu'ici.

« Ici. » A ce mot, Jeffrey jeta un bref coup d'œil sur le petit tas de cendres humides. « Je suis ici. » Puis il se tourna vers Subish :

– Aurais-tu un récipient de métal, Subish, pour le voyage?

– Oui. Une urne de cuivre. Recouverte d'une étoffe épaisse, que l'on peut sceller avec de la cire. Mais il t'en coûtera cinq roupies.

Jeffrey se retourna vers ce qu'il restait du bûcher. Ces cendres, bientôt, il allait y plonger la main, il allait les transférer dans une urne de cuivre. Il y en aurait peut-être pour deux poignées en tout. Son père.

« Je suis ici. »

Il se sentit submerger par une immense vague de désespoir. Il lui semblait que toutes ses forces se retiraient de lui. Deux poignées de cendres. Voilà tout ce qu'il restait de cet homme qu'il avait aimé, admiré, pour lequel il s'était tourmenté – cet homme qu'il aurait voulu avoir à ses côtés, toujours. Ici même, toujours! Là, à côté de lui, debout en cet instant même! Mais non. Deux poignées de cendres.

Chapitre 9

Les quelques jours qui suivirent, Jeffrey ne sortit pas de chez lui; la plupart du temps, il dormait, épuisé, vidé de toute force, comme après un travail physique harassant. Il dormait dans sa petite chambre, tenant hermétiquement close la porte de la chambre paternelle. La classe, les leçons de yoga, il n'y pensait même plus; c'étaient là des choses qui avaient existé dans un autre monde, à une autre époque, du temps où il était chez lui au village. Car Rama avait eu raison : il n'en faisait plus partie. Son ami lui avait dit la vérité, plus soucieux d'honnêteté que de complaisance. Dès le lendemain des funérailles, les gens du village avaient commencé à défiler à la maison, demandant chaque fois s'il n'avait rien à vendre – quelque bien fabriqué à l'étranger. Ils n'y mettaient aucun ménagement; le respect du deuil s'était envolé avec les dernières volutes de fumée. Même le postier en retraite était venu, avec sa femme, demander à Jeffrey s'il

84

ne souhaitait rien vendre, des objets en sa possession venus de l'étranger. Jeffrey n'avait rien à
vendre – il n'y avait absolument aucun objet de
valeur dans la maison, pas plus venu de l'étranger que fabriqué en Inde – mais le fait que
chacun des voisins vînt tour à tour le lui demander, comme si son départ prochain était désormais certain, accentuait encore ce profond
sentiment de solitude qui s'était emparé de lui
dès l'instant où il avait ramassé ce petit tas
de cendres pour le placer dans le pot de cuivre.

Le troisième jour, la gouvernante le prévint
qu'elle quittait la place. A partir du surlende-
main, elle ne viendrait plus faire le ménage ou la
cuisine pour lui. Pourquoi? Parce que cela portait malchance, de travailler dans une maison
pareille. Elle n'était restée si longtemps que par
respect pour son père, qu'elle appréciait beaucoup. Mais elle ne pouvait plus rester davantage;
ses voisins y trouveraient à redire, si elle continuait de travailler dans une telle maison, avec un
jeune garçon pour maître... Le même jour, un
peu plus tard, ce fut le propriétaire de la maison
qui se présenta à son tour. C'était un petit
homme aux bras maigres et à l'impressionnante
bedaine. Son dhoti, quoique propre, était hideu-
sement fripé sur le devant de sa panse flasque.
Ce qu'il voulait, c'était un mois de loyer d'avance.
Lorsque Jeffrey lui fit observer que le loyer était

payé pour jusqu'à la fin de la semaine suivante, il répliqua d'un ton sec :

– Je sais, mais il n'est pas question de te laisser cette maison après cette date, si je n'ai pas au moins le loyer du mois suivant, plus un mois de loyer d'avance.

– Mais je ne vois pas pourquoi?

– Tu es tout seul, ici, non?

– Oui.

Le gros homme eut un ricanement de mépris.

– Oui, et qui sait ce qu'un garçon peut faire, seul dans une maison? Les garçons sont capables de n'importe quoi – déjà, même quand ils ne sont pas seuls, n'est-ce pas... Je ne sais pas, moi! Tu pourrais jouer avec des allumettes, mettre le feu à la maison, faire n'importe quoi, est-ce que je sais? Il faut bien que je protège mes intérêts. Comprends-moi, Ganesh. Je n'ai rien contre toi personnellement. Tu as toujours été un brave garçon. Mais les affaires sont les affaires.

Peu après, ce même jour, ce fut au tour du vieux prêtre irlandais qui dirigeait l'école de la Mission de rendre visite à Jeffrey. Il voulait savoir quand Jeffrey partait.

– Je n'y ai pas encore réfléchi, mon père.

– En ce cas, mon garçon, tu ferais bien d'y songer sérieusement. Voilà maintenant plus de trois semaines que tu manques la classe – pour des raisons valables, d'ailleurs, mais cela ne peut durer ainsi. Il te faut quelqu'un pour veiller sur toi, Jeffrey. Il est temps que tu retournes dans ton pays, et que tu te reprennes.

Jeffrey comprenait fort bien ce que voulait dire le vieux prêtre en lui conseillant de « se reprendre » : il signifiait par là renouer avec la foi chrétienne, et laisser de côté tous les dieux étrangers adoptés par son père.

C'est après cette conversation que Jeffrey, pour la première fois depuis les funérailles, sortit de la maison. Il lui fallait voir Rama.

Tous deux s'assirent sur la terrasse, à l'arrière de la grande maison pleine de coins et de recoins. Deux des frères de Rama jouaient au badminton sur la pelouse.

– Tu ne m'en voudras pas, commença Jeffrey, tandis que son ami lui tendait une bouteille d'orangeade, mais j'avais tort, l'autre jour, et c'est toi qui avais raison. Tu disais que les gens changeraient d'attitude envers moi, et je ne voulais pas te croire. Je t'en voulais, même, d'avoir dit ça. Et maintenant je sais que c'était vrai.

Rama hocha la tête.

– C'est un petit village, ici, tu comprends, dit-il. Papa dit toujours qu'on y a l'esprit étroit, qu'on y est renfermé, replié. Il s'en plaint, mais son travail est ici, et nous n'en partirons jamais.

– Je comprends maintenant que tout reposait sur mon père. Sur ce que les gens pensaient de lui. Sinon, nous ne serions jamais restés, et jamais les gens d'ici ne m'auraient traité comme l'un des leurs.

– Les gens estimaient ton père. Pour eux, c'était un homme de bien. Et toi aussi, ils t'aimaient bien.

– Et maintenant, ils veulent que je m'en aille.

– C'est qu'ils ne savent que faire, tu comprends, tenta d'expliquer Rama. Tu es tout seul, et c'est ça qui les rend perplexes. Ici, en Inde, tout le monde a toujours quelqu'un vers qui se tourner. Quand un homme meurt, son fils peut toujours compter sur un oncle, un frère, un cousin... Toi, tu n'as personne, Ganesh, et les gens ne savent plus trop qui tu es – sauf que tu es un étranger... Enfin, c'est ce que dit mon père, ajouta-t-il timidement.

Jeffrey sirotait son orangeade; il évitait de rencontrer le regard de son ami. Il ne comprenait pas pourquoi, mais il se sentait vaguement confus, presque indigne. Il avait jusqu'alors toujours été l'égal de Rama, et voilà qu'à présent il ne l'était plus. En fait, il était en trop. Il était l'intrus.

– Mon père dit que tu peux venir vivre chez nous.

Jeffrey releva les yeux; Rama souriait.

– Oui, c'est ce que dit mon père. Il l'a dit ce matin, au petit déjeuner. Il m'a dit : « Rama, dis-lui donc de venir ici! » J'allais justement chez toi, te le proposer.

Jeffrey regarda son ami, brun, petit et frêle, et dont les yeux brillaient de plaisir à l'idée de son acceptation probable. Et Jeffrey faillit bien sauter sur ses pieds en hurlant : « Hourra! Oui, je viens habiter chez toi! Tout de suite! » Mais quelque chose le retint. Durant quelques secondes, il ne sut même pas quoi. Il avait tenté de l'oublier, cette promesse faite à son père durant leurs derniers jours ensemble. Jusqu'à cette minute, à cet instant précis où s'offrait une chance de rester ici, heureux, Jeffrey n'y avait même plus songé – il avait repoussé cette promesse tout au fond de son esprit, il la chassait chaque fois que lui revenait en pensée l'idée d'un possible départ pour l'Amérique. Il aurait sincèrement aimé accepter cette offre, parce qu'il savait que le père de Rama n'était pas homme à avancer des propositions à la légère. Et Jeffrey s'entendait bien, aussi, avec la mère de Rama, comme avec ses quatre frères. Il lui était facile d'imaginer une vie heureuse, au sein de cette famille : il se voyait aller en classe avec Rama, en revenir avec lui, partager les repas de cette grande famille, jouer au cricket avec Rama et ses frères, goûter la paix et la douceur de vivre dans cette grande maison et ce grand jardin, en toute sécurité.

Mais il ne sauta pas sur ses pieds; il se releva sans hâte.

– Je n'oublierai jamais ton offre, Rama, dit-il.

Merci. Et remercie pour moi ton père. Mais... je vais tout de même m'en aller, comme s'y attendent les gens d'ici.

Rama se leva aussi, fronçant le sourcil.

– Laisse donc les gens dire ce qu'ils veulent! Mon père est bien connu, ici. Si tu viens vivre avec nous, tu peux me croire, tout redeviendra comme avant. Ils n'oseront sûrement pas te traiter d'étranger!

– Non, Rama. J'ai une promesse à tenir.

– Quelle promesse?

– Une promesse faite à mon père avant sa mort. Celle d'aller en Amérique.

– Tu le lui avais promis?

– Oui. Alors je dois tenir parole.

Rama hocha la tête.

– Je comprends. Ce serait pareil pour moi.

Ils échangèrent un regard lourd de peine.

– Quand pars-tu?

– Demain, je pense. D'abord pour Trichy, et pour la Cauvery. Avec les cendres.

– Je vois.

– Ensuite, par train pour Madras, où je rencontrerai un homme qui m'aidera à partir pour l'Amérique.

– As-tu besoin d'argent?

– Non, mon père m'a laissé ce qu'il fallait. (Il eut un petit rire triste.) C'est bien la première fois de sa vie, je crois, qu'il mettait de l'argent de côté.

– Tu es sûr que tu en as assez?

– Sûr. Merci.
Jeffrey ne voyait plus que dire.
Rama se mordit la lèvre, puis dit à mi-voix :
– Ecris-moi.
– Oui. Toujours. Toute ma vie.
– C'est une promesse?
– Bien sûr.
– Parce que tu sais que tu tiens tes promesses, Ganesh.
– Je te le promets. Et toi?
– Promis aussi.

Chapitre 10

Ce soir-là, Jeffrey prépara sa valise; il avait à peine de quoi la remplir. Il décida de conserver son dictionnaire de sanskrit, mais de laisser ses livres de classe – il n'aurait pas le temps de mettre le nez dedans d'ici son arrivée en Amérique, et là-bas il lui en faudrait vraisemblablement d'autres.

L'Amérique. Ne pas y penser encore. Il avait le temps. Il roula dans un pantalon une petite statue de bronze, l'un de ses rares biens, et plaça le tout dans la valise. C'était un cadeau de son père, pour son dernier anniversaire. Cette statuette représentait le dieu dont il portait le nom, au village : Ganesh, fils de Shiva – une tête d'éléphant, un corps d'homme replet, et quatre bras, munis d'un gourdin, un nœud coulant, un gâteau de riz et une défense d'éléphant. Au pied du dieu ainsi représenté était tapi un rat, son serviteur, qui levait vers lui un regard plein de respect. Ganesh pouvait sembler un étrange assemblage – mi-homme, mi-éléphant –, mais pour les initiés cette somme disparate incarnait tout ensemble la force et la sagesse. Une trompe d'éléphant était capable de déraciner un arbre, mais capable aussi de faire un tri minutieux entre des grains de cacahuètes, pour dénicher le meilleur. L'énorme bedaine, pour sa part, symbolisait l'univers, ou le savoir, selon les interprétations. Quant au serviteur, le rat, il était capable, à l'aide de ses dents de rongeur, de venir à bout de bien des obstacles, exactement comme l'éléphant pouvait écarter tout ce qui se trouvait en travers de son chemin. C'est pourquoi Ganesh était parfois appelé Vinayaka, Celui qui écarte les obstacles, ou encore Akhuratha, Celui qui chevauche un rat, ou parfois encore Heramba, le Protecteur – sans parler d'une douzaine d'autres noms, que Jeffrey connaissait tous. Cette statuette était sa seule possession, avec le canif de son père, quelques vêtements, et son dictionnaire de sanskrit.

Le lendemain matin, prêt au départ, il prit à la cuisine une poignée de poudre de curcuma – symbole de pureté – qu'il humecta d'eau, comme le prêtre l'avait fait des cendres de son père. Avec cette pâte, il modela une petite silhouette en relief à l'image du dieu Ganesh. Puis, inclinant la tête, il demanda à Ganesh de le protéger dans son voyage, ainsi qu'il l'avait souvent vu faire à son père, avant de partir en pèlerinage. Après quoi il démolit la silhouette de pâte, qui avait représenté, le temps d'une prière, le dieu Ganesh, compréhensif et avisé. Il contempla un instant la pâte molle qu'il avait sous les yeux, se demandant si sa prière avait un sens. Au cours de la maladie de son père, il avait prié non seulement Ganesh, mais encore Shiva, et Vishnu, et Shakti – sans aucun résultat. Son père lui avait toujours dit de ne jamais implorer, ni demander quoi que ce fût, mais d'adorer seulement; cette fois, pourtant, il avait supplié, plaidé de toutes ses forces pour la vie de son père. Les dieux ne l'avaient pas écouté. Si du moins ils existaient pour l'entendre... Qui croire, que croire, puisque en l'unique occasion où cette foi aurait eu pour lui quelque importance, elle n'avait été d'aucun secours? Ce matin-là, pourtant, par habitude peut-être, il venait de s'en remettre à Ganesh pour le bon déroulement de ce voyage.

Sa valise à une main, l'urne de cuivre à l'autre, Jeffrey quitta la maison. Il ne se retourna même pas pour y jeter un coup d'œil. Il fit halte, par contre, au pied du vieux figuier, le temps de regarder le ciel au travers du lacis de ses branches, comme au temps où son père et lui s'asseyaient là, le soir, pour discuter ensemble et observer les étoiles.

Après quoi, il se mit en route pour l'arrêt de l'autobus. En général, l'attente était plutôt longue, pour le bus de Trichy; mais en réalité, nul ne pouvait prédire au juste quand il allait apparaître, brinquebalant, au détour du chemin, ses flancs rouges écaillés caparaçonnés de boue, son pot d'échappement éructant des nuages de fumée noire, et l'intérieur tellement bondé que tous les voyageurs en puissance ne pouvaient y trouver place. Par chance, ce jour-là, lorsqu'il apparut enfin, il n'était qu'à moitié plein; Jeffrey songea alors qu'on était mardi, un jour réputé funeste aux déplacements, chez la plupart des Hindous. Aussi put-il s'asseoir à côté d'une vitre, sa valise sur les genoux et l'urne par-dessus, entourée de son bras. Et l'autocar s'ébranla de nouveau, en faisant grincer ses vitesses, pour reprendre sa progression cahotique, roulant, tanguant, oscillant, comme s'il n'était pas composé d'un seul bloc, mais plutôt d'un assemblage articulé, un peu comme un train. Comme ils quittaient le village, Jeffrey aperçut les murs crème de l'école de la Mission. Quelque part, au premier étage, Rama devait être pour l'heure en train de peiner sur des mathématiques.

– Ecris-moi.

– Oui. Toujours. Toute ma vie.

Jeffrey serra plus fort son urne et regarda résolument devant lui.

A quelques kilomètres du village, ils croisèrent une demi-douzaine d'hommes qui marchaient le long de la route, à la queue leu leu, vêtus de pagnes sommaires et armés de longs bâtons pointus qui pouvaient tenir lieu de lances. Jeffrey les reconnut et leur adressa un signe d'amitié. L'un d'eux, l'apercevant, lui rendit son signe accompagné d'un grand sourire; sa figure plate et sa mâchoire forte brillaient dans le soleil. Ces hommes étaient des Irulas, habitant une forêt voisine. C'était une tribu qui vivait de cueillettes diverses, de racines et de petit gibier. Son père disait qu'aucun peuple du monde, peut-être, ne vivait dans une autarcie* aussi complète que les Irulas. Un Irula était capable de digérer n'importe quoi. Il se faisait un festin d'un simple campagnol, cuit avec du riz récupéré dans le grenier secret de quelque gerboise, sous les pierres. Certains Irulas de la région s'étaient fait une spécialité de la capture des serpents venimeux, qu'ils vendaient à Madras aux naturalistes de passage, lesquels les emportaient pour fournir à l'étranger vivariums ou muséums. Un jour, le père de Jeffrey avait voulu initier des Irulas à la culture de quelques légumes, mais ils lui avaient ri au nez; par contre, en remerciement, touchés par sa gentillesse, ils lui avaient offert (dans une cage) un bongare annelé long de plus d'un mètre cinquante – un reptile dont le venin pouvait rivaliser avec celui du cobra. M. Moorc avait très aimablement accepté le présent, mais il n'avait rien eu de plus pressé, dès le lendemain, que

* Autarcie : se dit d'un groupe humain qui subvient à ses propres besoins.

d'emporter la cage en rase campagne et d'en relâcher l'occupant. Jeffrey n'avait jamais parlé à son père de ces vipères qu'il attrapait, avec Rama, et dont il vendait la peau aux paysans. Son père ne tuait jamais rien, ne voulait rien tuer, pas même les blattes qui couraient parfois sur son oreiller, la nuit. Le savait-il, à présent, que Jeffrey avait naguère tué des vipères pour de l'argent? « Je suis ici. » Jeffrey serra son urne encore un peu plus fort. Mais il n'y avait rien contre son bras, rien d'autre que le frais contact du métal. Et à l'intérieur non plus, il n'y avait rien – rien qu'une fine poussière de cendres blanches.

Le trajet pour Trichy était long, aussi long que pénible. Heure après heure, Jeffrey regardait défiler les champs d'arachide et de lentilles. Sur le quadrillage des rizières à demi submergées, nageaient à la queue leu leu des ribambelles de canards. Des paysans à la peau sombre travaillaient, pliés en deux, à des canaux d'irrigation. Sur les chemins de terre rejoignant la grand-route, des bœufs tiraient des charrettes lourdement chargées de foin... Plusieurs fois, l'envie prit soudain Jeffrey de sauter de l'autocar et de suivre l'un de ces chemins de terre, de s'enfoncer avec lui dans cette Inde qu'il aimait. Des étangs, des cours d'eau, de minuscules hameaux nichés sous des palmiers surgissaient et disparaissaient. De temps à autre, le véhicule faisait halte pour embarquer des passagers; les uns traînaient derrière eux, entre les deux travées de sièges, une chèvre ou un agneau, les autres portaient un grand panier, caquetant de volailles destinées au marché voisin...

A l'occasion de l'une de ces haltes, Jeffrey vit monter à bord un homme à moustache, vêtu à l'occidentale d'un pantalon et d'une chemise, et muni d'un parapluie. Il vint s'asseoir, avec un gros soupir, juste à côté de Jeffrey, et contempla d'un long regard inquisiteur, successivement, la valise, l'urne, et le visage en sueur de l'adolescent. Après quelques kilomètres de cahots, il se tourna vers Jeffrey et s'enquit, dans un anglais hésitant :

– Quel pays?

Jeffrey lui répondit en anglais :

– J'habite en Inde.

– Oui, oui, mais venant de quel pays?

– De l'Inde.

L'homme eut un sourire sceptique, puis un froncement de sourcils, aussi Jeffrey lui expliqua-t-il, en tamil, où se trouvait son village. L'homme n'en plissa le front que davantage, comme s'il lui eût déplu d'entendre Jeffrey parler la langue de la région.

Durant un certain temps, ils n'échangèrent plus un mot, mais soudain l'homme tapa le bras de Jeffrey – plutôt rudement, d'ailleurs.

– Dis donc, elle a vu des jours meilleurs, ta valise! lui dit-il en tamil. Et où vas-tu donc, comme ça, tout seul? Où est ta famille? Comment se fait-il qu'on te laisse galoper sur les routes, comme ça, sans personne?

Les questions fusaient sans intervalle, en un feu nourri implacable. Jeffrey se tourna vers son voisin, qui s'épongeait le front, tout en parlant, avec un mouchoir en boule. Il avait sur la joue une sorte de tache rouge, résultat d'une infection de la peau fréquente dans ces régions du sud.

Jeffrey répondit poliment qu'il se rendait à Trichy, mais il n'ajouta pas un mot de plus.

L'autre le dévisagea.

– C'est bien la première fois que je vois un étranger de ton âge voyager seul sur ces routes. (Il désigna soudain l'urne de cuivre.) Et là-dedans, qu'est-ce qu'il y a? Hein? Qu'as-tu donc de si précieux qu'il y faille un sceau de cire?

– Mon père, répondit carrément Jeffrey, que l'insistance grossière de son voisin agaçait.

– Quoi?

– Mon père. C'est mon père qui est là-dedans.

L'autre raidit le dos; il s'écarta de Jeffrey.

– Qu'est-ce que tu racontes?

– Oui, ce sont ses cendres, à l'intérieur.

Alors, l'homme se leva et, debout dans l'allée, foudroya Jeffrey du regard.

– Tu parles peut-être tamil, mais tu n'es pas indien. Les jeunes Indiens ne se moquent pas de leurs aînés.

Et, les lèvres pincées, il pivota sur ses talons et

99

tituba le long de l'allée, bravant les cahots du car, pour aller s'asseoir quelques sièges plus loin. Plus tard, au moment de descendre du véhicule, il décocha à Jeffrey un regard vengeur, et sur le bord de la route il ouvrit son parapluie avec une sorte de rage, comme si, par ce geste, il punissait l'affront.

Tout au long de la journée Jeffrey, cramponnant son urne, regarda défiler le paysage, kilomètre après kilomètre. Cette immensité torride finissait par faire corps avec lui tout comme il faisait corps avec son urne, et il se laissait gagner par le sommeil. Mais il se réveillait presque aussitôt, craignant de laisser tomber l'urne. Le même paysage, indéfiniment, passait, disparaissait, repassait, identique : le même cours d'eau, les mêmes maisonnettes au pied de la même colline. Il était chez lui. Comment pouvait-il quitter tout cela ? Mais il avait promis. Il avait promis d'aller tenter sa chance en Amérique. Le soleil, pour finir, disparut derrière une crête, ne laissant dans le ciel que sa vive couleur, du côté de l'occident – le rouge orangé du curcuma. Puis cette teinte même perdit de son intensité, et elle finit par se retirer du ciel, comme la vague quitte le sable pour retourner à l'océan. Jeffrey fit de plus gros efforts encore pour éviter de s'endormir, tandis que d'autres passagers, toujours, montaient à bord du véhicule, en redescendaient plus loin, et que leurs visages à ses yeux ne formaient plus qu'un seul visage, toujours le même, aux traits indistincts, immuables. Et le car brinquebalant poursuivait sa route; ils entrèrent dans Trichy à minuit passé. Ils longèrent le haut roc au sommet duquel, éclairé toute la nuit, veillait un temple dédié à Ganesh. Son père avait emmené là Jeffrey, un jour, en une autre occasion solennelle. Depuis ce point culminant, ils avaient tous deux longuement contemplé la vieille ville de Trichy à leurs pieds, et les champs environnants disparaissant à l'infini, dans la nappe fluide d'une brume bleutée. Ils avaient offert des fleurs à Ganesh, ce jour-là; et c'était ce jour-là aussi que son père, soudain, avait dit gravement à Jeffrey : « Ganesh comprend notre peine, Jeffrey; je sens la présence de ta mère, ici. » Depuis, son père l'avait appelé Ganesh, ce nom que Jeffrey avait apporté avec lui au village, lorsqu'ils avaient quitté Madras.

Arrivé au terminus, Jeffrey s'enquit de savoir où trouver le bus pour le barrage de Chola. Un employé l'informa, tout en bâillant avec conviction, qu'il n'y aurait plus de départ pour cette destination avant le petit jour.

– Je te préviendrai, conclut-il.

Aussi Jeffrey s'assit-il contre un mur, sa valise derrière son dos (afin de la protéger des mains trop prestes) et l'urne entre ses bras. Sa tête retombait de biais, vers l'avant; il n'en pouvait plus, et il s'endormit instantanément.

Chapitre 11

– Tu voulais le bus pour le barrage? Il est ici.

D'une vigoureuse bourrade à l'épaule, l'employé secouait Jeffrey.

– Il est ici, ton bus, répéta-t-il – et il sourit de voir Jeffrey se cramponner plus fort encore à son urne, comme si l'on avait voulu la lui arracher.

Il désignait du geste un vieil autocar en stationnement dans la gare routière. Le véhicule, même à l'arrêt, s'inclinait très nettement vers la droite, pour avoir trop souvent circulé, au fil des années, avec des grappes de voyageurs suspendus à son flanc, à l'extérieur, quand l'intérieur, bondé, ne pouvait plus rien avaler; ses ressorts en étaient définitivement de guingois.

Quelques minutes plus tard, Jeffrey était en route pour le barrage. Dans une heure, il y serait, et il ferait alors ce qu'il avait à faire. Ensuite, ce serait le retour pour Trichy, le train pour Madras, et l'entrevue avec un certain M. Lowry, une ancienne connaissance de son père. Tout était minutieusement détaillé dans la liste d'instructions. Et ensuite – l'Amérique.

Mais il n'était pas encore temps de voir si loin. Pour le moment, seul le présent retenait toute son attention, sous forme d'une urne de cuivre aux formes rondes... Jeffrey baissa les yeux; seuls les cahots de l'autocar masquaient cette réalité : ses mains tremblaient.

Il ne faisait pas encore jour. Sur la sortie de la ville, des alignements de points lumineux soulignaient le tracé des rues – ampoules électriques nues à l'entrée de bâtiments modestes, simples chandelles au seuil des masures de pisé. Le véhicule s'arrêtait fréquemment, mais il ne prenait à cette heure que peu de monde à son bord – des hommes se rendant à quelque emploi matinal, pour la plupart. Bientôt les lumières disparurent; le bus était sorti de la ville. Cette dernière demi-heure-là, ce serait la plus dure, celle des derniers instants avant d'atteindre le site du barrage.

N'ayant personne à côté de lui, Jeffrey déposa l'urne sur le siège voisin et ouvrit sa valise. Il y avait là-dedans une demi-douzaine de chemises et pantalons, quelques sous-vêtements, un peigne, une paire de chaussures occidentales, les papiers que son père lui avait laissés dans le coffre (son acte de naissance, l'acte de mariage de ses parents, divers visas, passeports et papiers officiels), les liasses de roupies qui représentaient toute sa fortune, entourées d'élastiques, son dictionnaire de sanskrit, et le Ganesh de bronze enroulé dans un pantalon. Par-dessous ses vêtements, il retrouva le canif de son père. Il le glissa dans sa poche et referma sa valise.

– Quand arrivons-nous au barrage de Chola? demanda-t-il très haut, en tamil, au chauffeur du car.

– Je te le dirai, quand on y sera.

Un soupçon de couleur se glissait à présent dans le ciel noir, derrière les vitres du car – une sorte de bleu de Prusse qui se distinguait à peine de l'obscurité totale. Au fil des minutes, ce bleu sombre s'éclaircit, une pointe de rose vint s'y mêler peu à peu. Comme le tiers du ciel environ venait de se teinter de rose, Jeffrey entendit le chauffeur lui lancer par-dessus l'épaule :

– Le barrage! Nous y voilà!

Et le véhicule s'immobilisa.

Jeffrey descendit, et s'attarda un instant à regarder le bus s'éloigner, puis disparaître dans l'océan bleu violacé du petit matin. Puis il regarda autour de lui.

Droit devant, dans la pénombre, on distinguait la longue silhouette d'un pont, parfaitement désert à cette heure matinale. Jeffrey ne pouvait voir ce qui se trouvait de l'autre côté, mais il savait qu'il devait y avoir une petite île, puis le barrage, puis un autre bras du grand fleuve. Il le savait. Il était déjà venu ici. Cinq ans plus tôt.

104

Avec son père. Et avec une autre petite urne de cuivre, qui contenait d'autres cendres. Oui, c'était là que, tous deux, ils avaient apporté les cendres de sa mère. Jeffrey n'avait que neuf ans, alors. Il n'avait pas assisté à la crémation, mais quand son père avait décidé que la Cauvery serait le meilleur fleuve pour recevoir les cendres, Jeffrey l'avait accompagné là. Ils étaient arrivés vers midi, mais maintenant encore, cinq ans plus tard, dans les premières lueurs du jour, il semblait à Jeffrey tout reconnaître parfaitement : le large méandre de la Cauvery entre ses berges boisées, l'étroit pont de béton, d'une longueur interminable – jusqu'à ce chêne solitaire, à l'entrée du chemin piétonnier. Il se mit en marche, et ses pas sur le ciment, insolites, rendaient un son creux qui se détachait étrangement sur ce fond de silence. Au-dessus de lui, on distinguait encore quelques rares étoiles et un mince croissant de lune; mais leur brillance pâlissait à vue d'œil, au fur et à mesure que la lueur rosée du levant se teintait d'orangé, puis de jaune d'or. Au-dessous de lui, l'eau noire et inerte semblait une chape de plomb, figée dans sa coulée. Seul s'élevait le bruit de ses pas sur le béton du pont – clip, clap, clip, clap –, les rapprochant chaque fois un peu plus de leur destination, l'urne et lui...

Lorsqu'il atteignit la petite île, tout au bout du pont, il faisait déjà suffisamment jour pour pouvoir distinguer deux ou trois détails dans le paysage : un bosquet d'arbres, des buissons, un petit kiosque désert, et une pancarte rappelant aux visiteurs, en tamil et en anglais, de bien vouloir respecter le domaine public. Cette pancarte, Jeffrey s'en souvenait encore. Le temps de traverser la verdure de la petite île et d'arriver sur l'autre rive, et déjà un rayon de vive lumière dorée scintillait sur l'eau bleue. Là, sur le sable de la berge, trois bateaux de pêche reposaient à l'échouage, tandis que leurs propriétaires, autour d'un feu, prenaient le thé.

Jeffrey descendit droit vers eux, sa valise à la main, serrant son urne de l'autre.

L'un des pêcheurs, l'air somnolent, l'aperçut du coin de l'œil.

— Dites, regardez ce qui vient! annonça-t-il en tamil aux autres. Voilà un gosse qui n'est pas du coin!

— Bonjour, dit Jeffrey, en tamil lui aussi.

Tous trois l'étudièrent avec curiosité. Puis l'un d'eux hasarda, dans un anglais mal assuré :

— Quel pays?

— Ce pays, affirma Jeffrey en tamil.

— Toi? insista l'homme en montrant Jeffrey du doigt. Quel pays? Etats-Unis?

— Je suis de ce pays, répéta Jeffrey en tapant le sol du talon.

Les trois hommes échangèrent un regard.

— Tu veux quelque chose? demanda l'un d'eux en tamil, sur un ton revêche.

– Oui. Il me faudrait quelqu'un pour m'emmener au milieu du fleuve.

– Pour quoi faire?

Jeffrey souleva l'urne, gravement.

– Pour les cendres de mon père.

– Sûrement pas moi, dit l'un des pêcheurs en se retournant vers le feu.

– Je paierai.

– Il faudrait me payer plus que tu ne saurais le faire, pour ce genre de boulot! dit un autre. Je ne vais sûrement pas commencer ma journée avec ça.

– Combien comptes-tu donner? voulut savoir le troisième.

– Dix roupies.

– Vingt.

– Quinze.

– Dix-huit.

– Seize.

– Dix-sept. Affaire conclue, dit le pêcheur.

Jeffrey haussa les épaules. Il n'avait pas le choix.

– Entendu. Dix-sept.

– Eh bien! susurra le second pêcheur, en soufflant sur la surface de son thé. Voilà bien une chose que tu ne me ferais pas faire pour dix-sept roupies, tu peux me croire!

– Peut-être, mais tu n'as pas cinq gosses à nourrir, rétorqua l'autre en se levant. Viens, ajouta-t-il à Jeffrey, en lui faisant signe de le suivre.

Il se dirigea vers la rive, où était amarré son vieux bateau à rames.

– Hé? Tu tiens à emporter ça aussi? demanda-t-il, se retournant, et désignant la valise. Pourquoi ne pas plutôt la laisser à leur garde? Ils en prendraient grand soin, tu sais?

Les deux autres se fendirent d'un large sourire à l'adresse de Jeffrey, qui savait trop bien que, s'il leur laissait sa valise, il ne la reverrait jamais.

– Non, je la prends, dit Jeffrey, jetant la valise dans la barque et embarquant à son tour.

Le pêcheur éclata de rire et dégagea le bateau de la rive, avant d'y monter à son tour.

– Tu n'es pas vraiment un étranger, dit-il en empoignant les rames.

– Non, je n'en suis pas un. J'en ai l'air – je n'en suis pas un.

– Tu t'es payé notre tête, poursuivit le pêcheur, en ramant vigoureusement vers le large.

– Je suis tamil.

– De mère tamil?

– Non.

– De père, alors?

– Non, reconnut Jeffrey.

Le pêcheur plissa le front et pesa plus fort sur ses rames.

– Alors, tu as beau parler tamil, tu es quand même un étranger. De père et de mère étrangers – tu en es forcément un toi aussi. Il n'y a pas à sortir de là.

Jeffrey ne répondit rien, mais se tint raide sur son banc.

Les avirons plongeaient en cadence dans l'eau du fleuve au cours lent. Le reflet du soleil, qui émergeait à présent de la cime des palmiers, trouait d'une tache ronde la surface lisse de l'eau sombre. L'aurore était vive, ce matin-là, éclatante et brève.

Kerplonk, kerplonk, faisaient les rames. Le soleil maintenant flottait tout entier par-dessus l'horizon, ses rayons obliques s'allongeaient au-dessus de l'eau, et badigeonnaient d'orange le béton de l'immense barrage. Le monde entier semblait se lever avec ce soleil, lui prendre ses couleurs, sa vie même.

Jeffrey jeta un coup d'œil à l'urne entre ses pieds. Le pêcheur, comme s'il venait de lire ses pensées, s'arrêta de ramer et avança la main.

– Paie-moi tout de suite. Avant de faire quoi que ce soit.

Jeffrey tira de sa poche trois billets de cinq roupies et deux billets d'une, puis il se pencha pour les déposer, en les recomptant, dans la grande main crevassée.

– Où veux-tu que je t'emmène, au juste? demanda alors le pêcheur, la voix plus aimable.

– Au milieu.

Jeffrey se souvenait, comme si c'était la veille, que le batelier, cinq ans plus tôt, avait posé à son père exactement la même question.

Kerplonk. Kerplonk. Kerplonk.

Là-bas, à contre-jour, dans le soleil levant, un vol d'oiseaux pataugeait dans l'eau peu profonde, sur la rive d'en face.

Kerplonk. Kerplonk.

– Ici, non? demanda le pêcheur.

Jeffrey aurait mieux aimé plus loin, encore plus loin... Chaque coup de rame remettait à plus tard le passage à l'acte. Mais, à en juger d'après l'écartement des deux rives, on devait bel et bien être au milieu. Ce serait donc ici que se retrouveraient ses parents.

– Oui, dit-il. Ici.

Le pêcheur releva ses rames dans un bruit mat et, d'un coup sec, les dégagea de leurs tolets. Le bateau se mit à dériver doucement. On n'entendait plus que le clapot chantant de l'eau contre les flancs du bateau. Alors l'homme, pivotant sur son siège, tourna le dos à Jeffrey, regardant délibérément vers l'arrière du bateau.

Jeffrey lui en fut reconnaissant. Il lui serait plus facile de faire ce qu'il avait à faire, sans le regard d'un tiers braqué sur lui. Il revoyait encore avec une étonnante netteté, comme si tout cela s'était passé la minute d'avant, son père accomplir les mêmes gestes que ceux qu'il accomplissait à présent. De la pointe du canif, il entailla l'étoffe qui refermait l'urne. Il l'enleva entièrement. Ses mains ne tremblaient pas. Les mains de son père avaient-elles tremblé, cinq ans plus tôt? Il ne se souvenait pas; peut-être était-ce la seule chose dont il ne se souvenait pas. Des larmes brouillèrent son regard. Ce n'était pas seulement pour son père, qu'il avait la gorge serrée, à présent; c'était pour sa mère, aussi. Mais ils se retrouvaient dans le même lieu, enfin.

Il s'éclaircit la voix, souleva l'urne de cuivre, l'empoignant de ses deux mains, et la tint un instant par-dessus le plat-bord. L'eau allait son cours, tranquillement, le long du flanc du bateau. Jeffrey dit à voix haute :

– Fleuve Cauvery, reprends ce qui appartient aux fleuves. Reprends ce qui te revient.

Il se souvenait que tels étaient les mots exacts qu'avait prononcés son père et, à présent, il reprenait ces mots pour lui. Puis il inclina l'urne et regarda les cendres blanchâtres glisser, duveteuses, de l'embouchure de l'urne et se poser sur l'eau. Elles y flottèrent quelques secondes, le temps de s'imbiber, puis s'enfoncèrent doucement vers les profondeurs de la Cauvery. Jeffrey secoua l'urne pour en faire tomber les derniers flocons de cendres. Qu'avait donc fait son père de l'autre urne? Un instant désemparé, Jeffrey hésita. Puis, se penchant par-dessus bord, il laissa doucement l'urne s'emplir d'eau et la lâcha. Le cuivre brillant, que le soleil faisait étinceler, s'enfonça sans hâte, dans un petit gargouillis de bulles.

C'était fait. Que ressentait-il? Une impression de soulagement surtout. Il avait mené ces cendres à bon port. Mais aussi un sentiment d'accomplissement. C'était son devoir filial qu'il avait accompli là. Puis, d'un seul coup, un terrible sentiment de vide s'empara de lui. Il chercha des yeux, par-dessus bord, une dernière trace des cendres dans l'eau, mais il n'y avait plus rien à voir, rien que le défilement, massif et lent, des eaux du fleuve. Et c'était tout. Il n'y avait plus rien ici – ni les cendres ni même le récipient de cuivre qui les avait transportées. Plus rien.

– Préviens-moi, quand tu en auras terminé, dit le pêcheur, qui regardait toujours vers l'arrière.

– J'en ai terminé.

Le pêcheur se retourna et ses sourcils se soulevèrent de stupeur :

– Où est cette urne? Ce n'est tout de même pas que tu l'as jetée aussi? C'est du gaspillage, ça, mon garçon. Moi, j'en aurais bien eu l'usage...

Mais c'est à peine si Jeffrey l'entendit. Toute son attention venait de se river sur la berge d'en face, où d'immenses vols d'oiseaux s'étaient à présent rassemblés, criaillant et pépiant à tue-tête, sur le sable de la rive et les arbres du bord de l'eau. Il y avait dans l'air une tension nouvelle, une sorte de retour à la vie, l'impression qu'il allait se passer quelque chose. Jeffrey se pencha en avant, fasciné par ces milliers d'oiseaux, qui

112

éclaboussaient de taches vives – blanc, rose, brun, rouge – la lisière dorée du rivage.

Trois mots revinrent danser dans sa tête : « Je suis ici. »

Puis d'autres encore : « Nous sommes ici ! »

Et soudain, sans prévenir, des centaines d'aigrettes, de sternes et de hérons se mirent à battre lourdement des ailes dans les rayons dorés du matin, puis se soulevèrent d'une seule masse, comme une nuée, pour s'élever d'un vol rapide, à contre-jour, noirs et mauves sur ce fond de ciel frémissant de lumière.

« Nous sommes ici. »

Jeffrey mit sa main en visière pour suivre des yeux les nuées d'oiseaux fuyant vers le soleil, mais il dut bientôt se résigner, aveuglé, à les perdre de vue. Il se redressa sur son banc et regarda le pêcheur, qui avait repris ses rames.

– Je suis désolé, fit-il. Je n'aurais pas dû jeter cette urne.

Il se souvenait à présent que son père avait fait don de l'autre urne à la première personne rencontrée sur la rive, cinq ans plus tôt. Son père l'avait donnée à quelqu'un qui en ferait usage. Ce n'était jamais qu'un récipient de cuivre, un simple objet – pas plus à redouter qu'à chérir. Et ce qu'il avait contenu n'était jamais qu'un élément banal, un constituant de l'eau du fleuve, mêlé à tant d'autres constituants.

— J'aurais dû vous la donner, ajouta-t-il, et l'autre acquiesça, les sourcils froncés.

Au fond, ce n'était pas spécialement là qu'était son père, pas spécialement là qu'ils étaient, tous les deux.

« Nous sommes ici. Nous sommes partout. »

Un nouveau vol d'oiseaux venait de quitter la rive; il suivit des yeux la pulsation puissante et rythmée de ces milliers d'ailes accordées. Partout. « Nous sommes ici et partout. »

DEUXIEME PARTIE

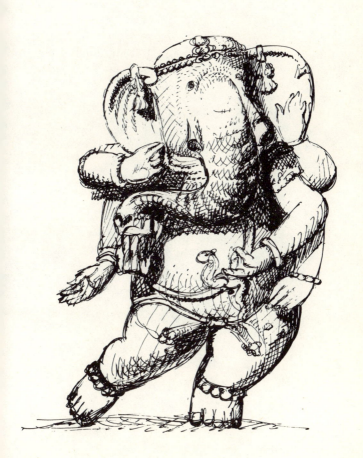

Chapitre 1

L'idée de l'Amérique lui revint à l'esprit à quelques milliers de mètres d'altitude, à une heure de vol environ de cet aéroport où devait l'attendre sa tante. Il s'était tant passé de choses, au cours de ces dernières semaines, que l'idée de l'Amérique n'était restée pour lui, littéralement, qu'une idée – et même une idée vague. A Madras, chez M. Lowry, le labyrinthe inextricable des préparatifs du voyage l'avait accaparé tout entier. Puis le vol transcontinental, expérience nouvelle et déroutante, avait occupé son esprit à l'exclusion de toute autre pensée. Enfin l'escale à New York, où il lui avait fallu changer d'avion, avait achevé de le désorienter; il n'avait pu voir là qu'un lieu sans âme, un fouillis confus de voix, de visages anxieux, de pieds hâtant le pas.

A présent, en moins d'une heure, il lui fallait se faire à cette déconcertante réalité : il était américain.

Ses parents, bien que venus tous deux des

Etats-Unis, n'y avaient jamais fait beaucoup allusion. Son père, en particulier, semblait avoir refoulé au fin fond de sa mémoire tout souvenir de sa vie *là-bas*. Chaque kilomètre péniblement accompli sur les chemins de l'Inde en compagnie du Swami semblait avoir creusé la distance entre son passé et lui. C'était comme s'il avait placé tous ses souvenirs d'Amérique dans une sorte de petit ballon captif dont il aurait coupé la ficelle, laissant le tout partir au gré du vent... Le résultat, c'était que Jeffrey ne savait pas grand-chose de son propre pays – ou plus exactement du pays qui était censé être le sien.

Par son hublot, Jeffrey contemplait le ciel, un ciel d'un bleu profond et sans nuages. Sans doute faisait-il, derrière l'épais vitrage, plusieurs degrés au-dessous de zéro, mais pour Jeffrey, inconsciemment, un bleu aussi éclatant et pur signifiait la chaleur torride des heures les plus chaudes, en Inde. Il jeta un coup d'œil discret sur la montre de son voisin de siège. Dans moins d'une heure, il ferait ses premiers pas dans un monde entièrement nouveau; il se sentait gagner par une excitation croissante, à laquelle, pourtant, venait se mêler un sentiment tout autre, une émotion plus poignante encore peut-être : le désir violent de se retrouver là-bas, chez lui, en Inde, dans ce sud du continent indien, dans son village à lui, dans sa minuscule maison, dans la chaleur étouffante de sa petite chambre...

Ce n'était pas de son propre gré qu'il avait quitté tout cela, non, c'était à cause d'une promesse. Il comprenait, bien sûr, pourquoi son père l'avait exigée de lui. On le lui avait bien fait comprendre, au village, après les funérailles, que sa place n'était plus là. Et pourtant, rien ne pouvait entamer sa conviction que chez lui, c'était l'Inde. Son père lui avait dit, d'ailleurs : « Essaie l'Amérique, et puis ensuite, si le cœur t'en dit, retourne en Inde. » Ces trois derniers mots s'étaient ancrés dans la tête de Jeffrey. « Retourne en Inde. » Oui, une fois sa promesse tenue − essayer l'Amérique −, il retournerait là-bas, même si les villageois estimaient qu'il n'y était pas à sa place.

Les minutes s'écoulaient, l'appareil commença à amorcer sa descente, et Jeffrey éprouva soudain une sorte de fièvre, une immense vague d'excitation qui balaya d'un coup toute sa réticence à vivre cette expérience inédite. Au-dessous de l'avion surgit bientôt la terre, sous forme d'un quadrillage à plat ; les rectangles et les carrés paraissaient immenses, et séparés par de minces lignes droites qui se révélèrent, peu après, être des clôtures. Les parcelles étaient blanches, toutes, uniformément. Ce blanc frappa Jeffrey, qui s'était vaguement attendu à du vert, ou au brun clair de la terre sèche, bien qu'il sût qu'ici on était actuellement en hiver. Ce blanc signifiait « neige », et sur ce fond éblouissant se

119

détachaient des arbres nus, dégingandés, et des fermes aux toits rouges éparpillées dans la plaine gelée. Son père, adolescent, avait connu ce paysage blanc de l'hiver; il lui avait même été familier. Avant de cheminer par monts et par vaux dans la touffeur du sud de l'Inde, il avait pataugé dans la neige. Il avait vécu deux vies.

La voix de l'hôtesse, dans le haut-parleur, était en train d'annoncer quelque chose. Jeffrey n'arrivait pas à capter tous les mots; pour lui, l'anglais qu'elle parlait était imprégné d'un fort accent étranger. L'accent américain... Son voisin de siège lui tapota l'avant-bras :
– Attachez votre ceinture...
Ils atterrissaient.

Chapitre 2

Cette femme qui accourait vers lui, les bras grands ouverts, c'était sa tante. Jeffrey le comprit d'emblée aux traits de son visage, à ses yeux bleus si semblables à ceux de son père. Elle l'étreignit longuement avant de s'écarter pour prendre un peu de recul et le contempler à loisir. Jeffrey, gêné, jetait autour de lui des coups d'œil furtifs. Qu'allaient penser les gens de pareilles démonstrations en public? Mais nul ne semblait seulement y prêter attention. Peut-être était-il naturel de se comporter ainsi, en Amérique. Tante Betty, qui devait être à peu près de sa taille, le regardait droit dans les yeux, avec un large sourire.

– On croirait voir ton père au même âge!

Sans même attendre de réponse, elle continuait de parler, tout en l'entraînant à travers la foule, le tenant par le coude. Elle parlait du temps – beaucoup plus froid que d'ordinaire, pour la saison – et du retard de près de quinze minutes qu'avait eu l'avion, si bien qu'elle s'était fait du souci. Elle dit encore des quantités d'autres choses, mais Jeffrey était incapable de tout saisir au vol, tant le débit était rapide et impressionnant. Sa tante était toute menue (le long manteau épais qu'elle portait ne parvenait pas à donner le change), et semblait avoir une dizaine d'années de plus que son père. Elle avait une voix mélodieuse, en dépit de sa nervosité manifeste, et elle souriait beaucoup.

A sa grande surprise, Jeffrey constata qu'il l'aimait déjà.

Il s'aperçut aussi qu'au fil du voyage, quelque part en arrière-pensée, il s'était forgé l'image d'une tante austère et stricte, semblable à cette Anglaise d'un roman de Dickens qu'ils étudiaient en classe, à l'école de la Mission. Rien à voir avec sa tante, il avait le plaisir de le constater.

Ils se rendirent au service des bagages, et attendirent l'arrivée de ceux de Jeffrey. Lorsque Jeffrey empoigna sa valise, tante Betty lui demanda combien de sacs et autres paquets il avait.

– Je n'ai que cette valise.

L'espace d'un instant, elle plissa le front, considérant en silence cette information : son neveu était arrivé à peu près aussi léger qu'un papillon. Puis elle fit observer, avec un sourire :

– Il vaut mieux voyager léger, c'est ce que je dis

toujours. Mais... tu n'as pas de veste plus chaude, dans cette valise?

– Non, ma'ame.

Elle secoua la tête.

– Il te faudrait quelque chose de deux fois plus épais que cette petite veste de coton – par ce temps!

Dans le magasin de Madras où M. Lowry l'avait achetée pour Jeffrey, par près de quarante degrés à l'ombre, cette veste avait pourtant paru plus qu'amplement assez chaude.

– Dès demain, nous irons t'acheter un bon anorak bien épais, décida tante Betty.

Tout en entraînant Jeffrey vers la sortie du petit aéroport, elle parlait, parlait, parlait : elle avait prévu un taxi, aujourd'hui, parce qu'elle s'était dit qu'il serait bien assez fatigué, après ce long voyage, pour ne pas y ajouter encore la fatigue d'un trajet en bus; ils pouvaient bien s'offrir cette petite folie, pour une fois, n'est-ce pas? Elle avait vendu sa voiture l'année précédente, parce qu'une personne seule ne se déplace guère, de toute façon... Elle poursuivait, intarissable, tandis que Jeffrey, fasciné, regardait le bus auquel elle faisait allusion, derrière la baie vitrée du hall d'accueil de l'aéroport : un imposant véhicule aux lignes fuselées, brillant de tous ses chromes et de ses immenses baies teintées, et doté de roues aux pneus énormes. Une image lui vint en mémoire, fulgurante et brève : celle du

123

petit autocar rouillé, crachant sa fumée et gîtant vers la droite, dans lequel il avait pris place, sa valise sur les genoux et une urne de cuivre par-dessus...

Subitement, tante Betty prit Jeffrey par les épaules.

– Oh, Jeffrey! Si tu savais! Si tu savais comme j'ai rêvé de ce jour, des années et des années durant! Simplement... (elle laissa retomber ses bras)... simplement je n'avais jamais imaginé que ce serait dans de telles circonstances... Mais ne dis rien! ajouta-t-elle très vite, comme si Jeffrey s'apprêtait à parler. N'en parlons pas. Ne dis pas un mot; pas avant de te sentir reposé, bien à l'aise – chez toi.

– Je ne parlerai pas de la mort de mon père, ma'ame, dit Jeffrey. Pas avant que vous ne vous y sentiez prête aussi.

C'était la première fois, depuis son arrivée, qu'il prononçait une phrase aussi longue.

Sa tante leva des sourcils étonnés, puis éclata d'un petit rire nerveux.

– Ma parole, mais tu as l'accent anglais, mon garçon, et pas qu'un peu! Mais c'est normal, après tout, ma foi, c'est normal! Oh, que je suis heureuse que tu sois ici enfin! Ici, dans ton pays! Chez toi! Attends un peu, je vais chercher ce taxi.

Une fois de plus, elle avait parlé si vite que Jeffrey n'avait pas compris la moitié de ce qu'elle avait dit. Il la regarda trottiner vers le parc de stationnement. La bouffée d'air glacé qu'avait laissée pénétrer la porte, au passage, le surprit par son agressivité. Pour lui, de l'air froid, c'était de l'air à moins de vingt degrés. Mais le véritable air froid était bigrement froid! Il se renfonça dans sa veste de coton et suivit des yeux la mince silhouette de sa tante qui traversait le parking battu des vents, en direction d'une automobile. Bientôt le véhicule fit halte devant l'entrée du hall d'accueil, et sa tante, à l'arrière, lui adressa de grands signes.

Jeffrey s'avança dans l'air coupant. Il n'était pas du tout sûr de lui trouver du charme. Ce qui le surprenait, surtout, c'était cette sensation de brûlure aux joues. C'était un effet du froid, d'accord, mais pourtant, au début, cela vous donnait exactement la même impression de cuisson intense que le soleil du sud de l'Inde, au milieu des champs, à midi.

Lorsqu'il fut assis dans le taxi, tante Betty, avec un soupir, lui prit la main et rit de bon cœur.
– Aujourd'hui, dit-elle, c'est le grand train de vie. Mais dès demain, fini! Retour aux bus et aux autocars!

Elle lui expliqua que leur ville à eux était à plus d'une trentaine de kilomètres de là, vers l'ouest; ici, c'était l'aéroport le plus proche. La bourgade où ils se rendaient à présent était environnée de terres agricoles, et bon nombre de ses habitants étaient des agriculteurs en retraite. Elle parlait, parlait toujours, tandis que Jeffrey, furtivement, jetait des coups d'œil sur le paysage qui défilait derrière la vitre. Des champs clos, nappés de blanc, de hauts silos cylindriques, des bâtiments de ferme, brun-rouge. Un lourd banc de nuages venait de surgir du nord, et au bout de quelques kilomètres les premiers flocons se mirent à danser devant les essuie-glace.

Il neigeait, et ces flocons tourbillonnants rendaient à Jeffrey plus difficile encore l'effort nécessaire pour écouter ce que lui disait sa tante. De la neige! Il suivait des yeux ces petits brins de duvet blanc qui filaient à vive allure ou hésitaient et se balançaient, au gré des sautes du vent. C'était pour lui un monde étrange, flou et incertain; les distances semblaient s'y succéder par à-coups, au lieu de défiler continûment; le paysage avait quelque chose d'inerte et de minéral. Le gris de ce ciel-là n'avait pas la douceur onctueuse du gris d'un ciel de mousson – c'était tout autre chose. Il lui semblait aussi que l'ensemble neige et ciel reculait sans cesse à l'approche de la voiture, se dérobant continuellement, au lieu de vous envelopper comme une atmosphère de mousson. C'était un peu comme un mirage, une fuite permanente... Perdu dans ses réflexions, Jeffrey entendait sa tante qui discourait, pérorait sans trêve... De quoi parlait-elle, au fait? De repas? Oui, de repas et de menus, apparemment.

Et Jeffrey s'entendit commenter :

– Ça m'a l'air tout à fait *okay*.

Sa tante eut un petit rire :

– *Okay*? Vous dites aussi *okay*, en Inde?

– Oui, oui, et même souvent. Même ceux qui ne parlent pas anglais le disent.

– Il y en a beaucoup qui ne parlent pas anglais?

– Dans le sud de l'Inde, oui. La plupart.

– Mais alors, dans quelle langue leur parlais-tu?

– Dans la leur.

Tante Betty, d'un sourire, reconnut son ignorance.

– J'oublie sans cesse que tu viens d'ailleurs, Jeffrey. Il faut dire, tu *ressembles* tellement à nous tous! Et tellement à ton père, surtout!

Sur ces derniers mots sa voix avait tremblé, comme prête à se briser. Jeffrey détourna son regard. Il venait de comprendre pourquoi elle parlait tant : c'était pour tenir bon, pour lutter contre le chagrin, contre ses nerfs, contre sa propre confusion. Lui, la mort de son père, il l'avait déjà vécue, admise – et surmontée. Elle, non. Elle n'avait pas accepté la mort de ce frère. Pas encore. Et peut-être précisément était-elle en train de le faire, là, à côté de Jeffrey, sur la banquette arrière de cette voiture noire qui glissait, silencieuse, sous le sombre ciel d'hiver.

Chapitre 3

Du plus loin qu'il aperçut la grande bâtisse à deux étages, à l'architecture compliquée, tout en coins et recoins, Jeffrey songea à la maison de Rama, au village. Elles avaient en commun leurs proportions généreuses, et le fait de se dresser tout au fond d'une vaste pelouse. Derrière le rideau de neige qui s'abattait à présent très vite, en oblique, rayant de biais perron, galerie, et fenêtres aux volets clos, la bâtisse coiffée d'ardoise semblait réellement immense, mais, à la différence de celle de Rama, nimbée de mystère aussi. La neige faisait comme un voile dont elle émergeait hautaine. Dotée de pignons multiples, elle semblait surgir d'un petit tertre aux ondulations douces, piqueté çà et là d'arbustes et orné d'un chêne au tronc noueux, parfaitement dénudé, vêtu seulement de neige là où le vent le jugeait bon. Jeffrey rentra le cou dans sa veste et, sa valise à la main, il suivit sa tante qui remontait l'allée devant lui, sans cesser de parler :

– Cet arbuste-ci, tu vois, il a bien manqué de

128

mourir, l'automne dernier; mais nous avons ici, en ville, un jardinier qui est capable de faire des miracles, si on l'appelle à temps pour sauver une plante...

Jeffrey jetait des coups d'œil étonnés sur tous ces buissons nus, raides, hérissés, aux teintes de souris, et que la neige avait entrepris d'ensevelir de blanc. Il lui semblait que l'atmosphère avait quelque chose d'assourdi, d'étouffé, comme si une immense main invisible gardait la terre entière sous cloche, emprisonnée sous ses doigts. Ils gravissaient à présent le tronçon d'allée – glissant – qui menait aux marches du perron, et il leva les yeux sur le porche d'entrée et la galerie de bois qui se dressaient devant lui. Levant les yeux plus encore, il entr'aperçut, là-haut, sur le toit, se détachant sur un ciel noyé, la silhouette noire d'une vieille girouette de fer forgé, un coq altier qui tenait tête, résolument, au vent du nord – ce vent muet qui soufflait fort, régulier, sans relâche.

– Et voilà! dit tante Betty. Jeffrey, je te présente la maison; tu es chez toi...

Chez lui? La maison? Au milieu de tout ce blanc, tout ce silence?

En pénétrant dans l'entrée, suivant l'exemple de sa tante, Jeffrey battit de la semelle, consciencieusement, sur le paillasson, pour débarrasser ses pieds de la neige accumulée.

– J'ai laissé un feu allumé, pour le retrouver au

retour. J'espère qu'il ne se sera pas éteint, disait tante Betty, d'une seule haleine.

Et, accrochant vivement son manteau à une patère, elle ouvrait à la volée les deux battants d'une double porte et se précipitait dans un immense salon. Jeffrey retira sa veste à son tour et, réprimant un frisson, il suivit sa tante au salon. Penchée sur l'âtre et armée d'un tison, elle s'affairait déjà à remuer des braises. Jeffrey parcourut du regard l'immense pièce à la vague odeur de renfermé, et que le jour blafard de cet après-midi de neige n'éclairait qu'avec parcimonie. Les meubles étaient sombres, massifs et d'impressionnantes dimensions. Aux abat-jour des lampes de verre coloré pendaient des gouttelettes de cristal blanc. Aux murs, le papier peint, fané, s'ornait de motifs triangulaires. Le contraste était frappant avec les murs de *là-bas*, vert uni, dans presque toutes les maisons du village. Au-dessus de la cheminée trônaient dans leurs grands cadres deux portraits : celui d'un homme aux cheveux blancs, au regard farouche et au buste raide, portant cravate sombre et veston noir; et celui d'une femme à peu près du même âge, la mine solennelle, portant binocles et col montant, sur une robe à fond uni. Jeffrey les étudia un instant. Ils paraissaient mal à leur aise, dans une pose aussi raide, mais à mieux les regarder on découvrait qu'ils n'avaient pas l'air si revêches; il y avait de la bonté dans leur regard.

Le vieil homme avait des mains immenses.

Avec une série de crépitements, une bûche posée sur les braises se décidait à s'embraser; quelques minutes plus tard, tandis que tante Betty, intarissable, poursuivait seconde après seconde ses commentaires sur la progression du feu, des flammes joyeuses s'élançaient à l'assaut du conduit de cheminée.

Le feu.

Le dernier feu qu'avait vu Jeffrey était celui qui avait dévoré son père. Entre ses flammes gisait un paquet oblong, qui s'était brusquement redressé.

– Jeffrey?

Sa tante venait de lui demander quelque chose. Il se retourna, interrogateur.

– As-tu faim? répéta-t-elle.

– Oui, ma'ame.

Tante Betty secoua la tête avec un sourire amusé.

– Vrai, il y avait longtemps que je n'avais pas entendu un garçon de ton âge dire « ma'ame ». (Elle fourrageait le feu de la pointe de son tisonnier.) Rien de tel qu'un bon feu, un jour comme aujourd'hui. On se sent tout de suite mieux, non?

Puis brusquement elle se retourna et demanda, les lèvres tremblantes, regardant Jeffrey droit dans les yeux :

– Est-ce que... A-t-il beaucoup souffert?

– Papa ne se plaignait jamais.

– Tu l'appelais papa... (L'idée semblait lui plaire.) Se plaindre, Warren? Oh, ce n'était pas son genre... (Une fois de plus, elle plongeait son regard dans celui de Jeffrey.) Je voudrais te demander quelque chose... (Ses lèvres s'étaient remises à trembler.) A-t-il... A-t-il une croix?

– Pardon?

– Oui, une croix, sur sa tombe.

– Non.

Sa tante avait plissé le front, aussi s'empressa-t-il d'ajouter :

– Il a été incinéré. Tout le monde se fait incinérer, au village.

– Ah! Incinéré... (Elle eut l'air frappée, puis songeuse; elle serrait les lèvres.) Après tout, cela se fait ici aussi – pour certains, du moins. Mais ta famille, pour l'essentiel – du moins du côté paternel –, est enterrée à moins de dix minutes d'ici, par la route. (De nouveau, ses lèvres tremblaient.) Mais... et ses cendres? Sont-elles dans une urne, quelque part?

– Je suis allé les disperser sur les eaux d'un fleuve sacré.

– Un fleuve sacré?

– La Cauvery. J'ai déversé ses cendres dans la Cauvery, là où il avait dispersé celles de maman.

La tante fit signe qu'elle comprenait; ses yeux s'étaient emplis de larmes.

– Je vois. Tous les deux, là-bas... (Elle s'éclaircit

la voix.) Bien, il est grand temps que je te montre ta chambre, et puis nous pourrions peut-être songer à manger. Je ne sais pas si tu as faim, mais moi j'ai l'estomac dans les talons!

A mi-chemin du grand escalier ciré dont les marches craquaient, elle s'arrêta pour s'écrier, sur un ton perplexe :

– Un fleuve *sacré*?

– Oui, ma'ame.

Pour la première fois depuis qu'il l'avait vue, elle devint proprement muette. Le palier s'ouvrait sur un long couloir étroit; arrivée au bout, elle ouvrit une porte, et s'effaça pour le laisser entrer.

– Voilà, entre, l'invita-t-elle en souriant. C'est ta chambre.

Ce n'était pas une très grande chambre, encore qu'elle fût sans doute deux fois plus vaste que sa petite chambre, au village. Le lit, qui paraissait fort bon, était recouvert d'un épais couvre-pieds. Le bureau, devant la fenêtre, était manifestement en bois massif – un meuble sombre, lourd, inspirant confiance, et qui semblait avoir été là depuis la construction de la maison elle-même.

– Le bureau de ton père, disait tante Betty derrière lui.

Une photo y brillait dans un cadre, sous verre. Jeffrey se pencha et vit un garçon, qui devait avoir à peu près son âge.

– Ton père.

133

Jeffrey se pencha pour l'examiner de plus près.

– Vois-tu la ressemblance? Tu vois que je n'exagérais rien, quand je te disais que tu étais son portrait!

Elle disait vrai. Sans doute Jeffrey n'avait-il pas ce visage en lame de sabre, ces traits taillés à coup de serpe (il avait les larges pommettes de sa mère); on n'en aurait pas moins cru que c'était lui qui souriait sur cette photo, lui dans cette veste de cuir, ce pantalon de velours et ces grandes bottes – une tenue qu'il n'avait jamais portée.

– Cette chambre, c'était celle de ton père. Maintenant, c'est la tienne.

Jeffrey se retourna. Mais elle s'en allait.

– Mets-toi à l'aise, dit-elle. Je vais préparer le repas.

C'était la première fois qu'il se retrouvait seul, depuis qu'il avait quitté la maison de M. Lowry, à Madras, pour se rendre à l'aéroport. Un tic-tac résolu grignotait le silence. Une pendulette de chevet était posée sur une petite table, dont le balancier à l'ancienne se balançait sans trêve. Elle devait être très vieille. Peut-être, un jour, avait-elle appartenu à ce vieil homme à l'air sévère, au-dessus de la cheminée du salon? Aux murs de la chambre étaient accrochés des diplômes; ils portaient le nom de son père. Tous ces diplômes d'honneur, ces mentions, ces certificats venaient du passé de son père. Il les avait conquis, tout comme il avait conquis l'estime des Indiens en parcourant l'Inde, par monts et par vaux, en compagnie du Swami. Mais il était dommage qu'il n'eût jamais parlé à Jeffrey de cet univers-ci, parce que désormais ce dernier allait y vivre à son tour.

Il s'assit sur le lit, qui était aussi bon qu'il en avait l'air. Dehors, derrière les vitres, la neige tombait toujours, régulière, avec un doux entêtement, tandis que le jour déclinait, se retirant peu à peu de l'entrelacs de branches nues qui se profilait devant la fenêtre. On n'entendait que le tic-tac de la pendulette. Au mur, le papier peint bleu s'ornait d'un motif champêtre – gentes dames et beaux messieurs assis sous un arbre, auprès d'un ruisseau, avec au ciel quelques oiseaux. Le motif se répétait du haut en bas et de droite à gauche, et les oiseaux, indéfiniment, prenaient leur envol dans une formation identique. S'accordant au mouvement lent et uniforme des flocons, derrière la fenêtre, ce papier peint au rythme régulier faisait naître en Jeffrey un sentiment de paix doublé d'une vague somnolence et il s'étendit sur le lit. Encore une minute, et il allait sombrer dans le sommeil, lorsque lui parvint d'en bas la voix de tante Betty qui l'appelait à table.

Son premier repas américain attendait Jeffrey Moore.

Chapitre 4

La première chose qu'il vit, au centre de la table recouverte d'une nappe blanche, lui donna un haut-le-cœur : une énorme volaille rôtie, à la peau dorée, et dont un peu de jus s'écoulait par une échancrure, du côté du bréchet.

Ce qu'il ressentait devait être manifeste, au moins en partie, car le sourire de sa tante se mua brusquement en une interrogation anxieuse.

– Quelque chose qui ne va pas ?

– Non, rien, ma'ame. Tout a l'air très bon.

Il s'assit, et repéra devant lui un plat de purée de pommes de terre, et un autre de carottes en rondelles. Puis son regard revint à l'énorme volaille.

– Veux-tu découper la dinde ? lui demanda sa tante, en lui présentant fourchette et couteau à découper.

– Oh non, merci, tantine. Je ne sais pas faire.

– Bon, alors je vais le faire.

Elle se mit au travail, n'en relevant le nez que

de temps à autre, pour jeter sur lui des coups d'œil soucieux. Il était assis, raide, et la regardait faire.

– Tu viens de m'appeler « tantine ». Est-ce ainsi que l'on dit, en Inde?

Il n'avait pas compris la question, et lui répondit d'un regard perplexe.

– On dit « tantine », en Inde?

– Oui, ma'ame.

– Je vois... Ici, en Amérique, les garçons de ton âge disent plutôt « ma tante ». « Tantine » n'est pas incorrect, remarque bien, ajouta-t-elle en haussant une épaule, tout en se débattant avec les tendons d'une cuisse, qu'elle détachait de la carcasse avec un évident savoir-faire. Mais tout de même, quelque chose me dit que les garçons de ton âge trouveraient bizarre de t'entendre m'appeler « tantine »...

Jeffrey acquiesça, appréciant le tact de sa tante. Elle s'efforçait de lui enseigner quelque chose, sans pour autant lui donner l'impression d'être un demeuré. Et elle faisait visiblement tout ce qui était en son pouvoir pour qu'il se sentît réellement chez lui. Pourtant, lorsqu'il la vit glisser dans son assiette l'énorme cuisse de dinde, il fut pris de panique et du désir de fuir.

– Quelque chose qui ne va pas? redemanda-t-elle. Tu préfères peut-être le blanc?

Il secoua la tête en signe de dénégation.

137

– Sers-toi de pommes de terre et de carottes. J'espère que tu aimes ça, ajouta-t-elle, anxieuse. J'aurais bien préparé un petit extra, peut-être du steak à la suisse, mais je n'avais vraiment pas le temps.

– J'adore les pommes de terre et les carottes, merci, ma tante, dit Jeffrey.

Et il s'en servit généreusement, attentif à les tenir bien à l'écart de la cuisse de dinde.

– Voilà de la sauce, disait tante Betty, en lui tendant la saucière.

Il hésita une seconde, puis il prit la saucière dans ses mains.

– Euh... C'est la sauce de la volaille? demanda-t-il.

Elle rit.

– Mais naturellement! Je ne me sers jamais de ces sauces en boîte, ou même surgelées, que l'on trouve dans le commerce. Et la dinde est sûrement ce que l'on peut trouver de meilleur par ici. Elle vient de chez Ralston. Ils sont incomparables, pour le rayon boucherie... D'ailleurs, tes grands-parents se fournissaient déjà chez eux.

Jeffrey tenait toujours la saucière au-dessus de son assiette, à deux mains.

– Cette sauce provient de la viande?

Elle le dévisagea pour de bon.

– Jeffrey. Quelque chose ne va pas. Je le vois bien.

Il lui rendit la saucière.

– Oui, ma'ame.

– Qu'est-ce que c'est? Dis-le moi, mon garçon.

– Il y a que... Je ne mange pas de viande.

Tante Betty déposa sa fourchette et acheva de mastiquer sa bouchée de dinde. Puis elle demanda doucement :

– Serais-tu végétarien, ou quelque chose comme ça, Jeffrey?

Il acquiesça, les yeux rivés à son assiette.

– Je ne prends ni viande, ni œufs, ni rien de ce qui a été cuit dans de la matière grasse d'origine animale, tante Betty.

– C'est de ton père que tu tiens cela?

– Oui, ma'ame.

– Et depuis quand es-tu végétarien?

– Depuis ma naissance.

– Seigneur!

– Je n'ai jamais mangé de viande. Chaque fois que je sais qu'il y a de la viande ou des œufs ou de la matière grasse animale dans quelque chose, je n'en prends pas.

Tante Betty en avait cessé de mastiquer.

– Mon pauvre enfant!

– Mais non, la rassura-t-il. C'est très bien comme ça.

– Mais tu es en pleine croissance!

– Ça ne fait rien, ce n'est pas gênant. J'ai été élevé comme ça. Question d'habitude.

Elle se pencha vers lui.

139

– Est-ce pour des raisons de conviction religieuse?

– Mes parents s'abstenaient de manger de la viande, et je fais comme eux.

– Et eux, c'était par conviction?

Jeffrey fit signe que oui.

Elle venait d'élever à sa bouche une fourchette chargée de purée de pommes de terre, mais elle la reposa dans son assiette.

– Par conviction *religieuse*?

Une fois de plus, il acquiesça.

– Jeffrey, es-tu chrétien?

– Non, ma'ame.

– C'est Warren qui t'a élevé de cette façon?

– Oui, ma'ame. Mes parents étaient tous deux de religion hindoue.

– Hindoue..., répéta tante Betty qui en avait complètement cessé de manger. Ils adoraient une sorte d'idole, c'est ça?

– Oui, ma'ame. Pas une seule, plusieurs. Et ils priaient aussi Jésus-Christ et Allah. Papa disait que le Seigneur est un, mais qu'il revêt différentes formes.

– Ma foi, je dirais que c'est bien de Warren, ce genre de remarque – oui, c'est tout à fait, tout à fait lui...

Et tante Betty, avec un soupir, reprit sa fourchette en main. Puis elle voulut savoir, après un long silence :

– Et toi, Jeffrey, es-tu hindou?

– Je l'étais.

– Mais maintenant?

Jeffrey secoua la tête.

– Je ne sais plus ce que je suis.

– Je vois, dit-elle à mi-voix. Tu en as vu de dures, mon pauvre garçon.

Il y eut un autre silence, puis elle reprit :

– Mais quelles que soient tes convictions profondes – hindoues, chrétiennes ou Dieu sait quoi –, tu es bien décidé à ne pas manger de viande?

– Ce n'est pas dans mes habitudes, ma tante.

– Eh bien, ma foi, tu mangeras comme tu l'entendras. Simplement, je n'ai aucune expérience en matière de cuisine végétarienne, alors il faudra m'aider. D'accord?

– Oui, ma'ame. Merci.

– Végétarien... reprit sa tante sur un ton rêveur. (Elle lui adressa un franc sourire.) Tu vois, on apprend à tout âge; je m'y mettrai, tu verras.

– Merci, dit Jeffrey en plongeant sa cuiller dans ses pommes de terre écrasées, sans sauce. Ces pommes de terre sont parfaites, ajouta-t-il, après la première bouchée. Absolument fameuses.

– Je suis heureuse que tu les trouves bonnes. Allons, tiens, passe-moi ton assiette que je te débarrasse de ça.

Et ce disant, de la pointe de sa fourchette elle empalait l'énorme cuisse de dinde.

– Les carottes sont excellentes aussi, renchérit Jeffrey, la bouche pleine.

141

– Manges-en tant que tu voudras.

Durant un instant, pensive, elle contempla la cuisse de dinde, à présent dans son assiette. Puis, avec un soupir résolu, elle en détacha une généreuse bouchée et la mangea.

Chapitre 5

Durant les quelques jours qui suivirent, Jeffrey passa le plus clair de son temps à explorer la maison. C'était un peu comme une personne, comme un membre de la famille dont il lui fallait faire connaissance. Il allait de pièce en pièce, s'imprégnant de la façon dont le soleil d'hiver, se coulant par les fenêtres, venait se poser sur les rideaux, les meubles, les tapis. Il se pénétrait des tic-tac respectifs des multiples pendules, des odeurs diverses des pièces. Certaines sentaient le renfermé, faute d'être jamais utilisées. D'autres sentaient le linge propre et le produit d'entretien, comme sa chambre et celle de sa tante. Tante Betty, quant à elle, passait l'essentiel de ses journées à faire le ménage de cette grande maison et à descendre en ville par le bus. Il l'accompagna par deux fois, une fois pour aller s'acheter un gros anorak à fermeture à glissière, et l'autre fois pour les provisions, dans un supermarché. Là, dans le dédale des rayons, il s'effara de ces alignements titanesques, de ces véritables pyramides de conserves, de ces quantités d'aliments surgelés dans leurs armoires en verre, et de l'inimaginable profusion de produits en boîtes et en sachets. Au village, les marchandises s'offraient à nu, sur de minuscules éventaires; les légumes étaient étalés sur des nattes, à même le sol, ou présentés dans de petites charrettes de bois. A l'arrêt de bus, en ville, il examina les immenses magasins encadrant la place. Toutes les rues étaient asphaltées. Chacune avait un trottoir pour les piétons, et les habitations s'alignaient largement en retrait. La profusion de véhicules à moteur lui parut étourdissante; et les voitures n'étaient pas de ces petites Ambassador que l'on voyait en Inde, c'étaient de longs véhicules imposants. Quant aux camions, on aurait pu sans peine caser dedans deux ou trois de ceux qui circulaient sur les routes de Tamil Nadu... On ne voyait par contre ni vache ni chèvre se balader sur la chaussée.

Mais c'était encore la maison qui le captivait le plus – la maison, et tout ce dont elle avait pu être le théâtre, au cours du siècle écoulé. A table (sa tante se faisait cuire une petite portion de viande pour accompagner les légumes, tandis qu'il relevait les siens d'une généreuse pluie de poivre gris), il écoutait attentivement la petite chronique de la famille Moore telle que la lui contait tante Betty. Son arrière-grand-père, ce patriarche au regard sévère qui dominait tout le salon-séjour depuis le manteau de la cheminée, avait bâti cette maison de ses propres mains, durant les loisirs que lui laissait l'exercice de sa profession d'homme de loi. Un jour, après le repas, tante Betty emmena Jeffrey à l'étage, ouvrit une porte close au moyen de l'une des dizaines de clés de son impressionnant trousseau, et l'entraîna à l'intérieur. La pièce était glaciale, humide, mal aérée. Tante Betty alluma une lampe et désigna du geste un grand lit, garni d'un couvre-pieds multicolore, et recouvert d'un baldaquin de bois aux rideaux de dentelle blanche.

– Ton père est né ici, dans ce lit, Jeffrey, dit-elle en lui pressant l'épaule. Et moi aussi. Tes arrière-grands-parents y sont morts chacun à leur tour, de même que ta grand-mère – ma mère. Ton grand-père est mort à l'hôpital... Oh, il aurait préféré mourir ici, et j'ai toujours regretté de ne pas l'avoir ramené à la maison, là où il était chez lui, là où avaient terminé leurs jours sa femme et ses parents, leur heure venue...

Jeffrey la regarda. Elle fixait le lit vide avec une telle intensité qu'il se demanda si elle ne voyait pas réellement les êtres dont elle parlait, allongés dans ce lit. Une fraction de seconde, dans son esprit, se présenta l'image de flammes crépitant sur le lit, d'une forme se redressant, raide...

– Tu vois? disait tante Betty avec un pâle

sourire. Cette maison est pleine de souvenirs. C'est ta maison, aussi, à présent, Jeffrey.

Un autre après-midi, elle lui fit visiter le second étage, qui comportait quatre chambres, désormais inoccupées et tenant lieu de greniers. Les arrière-grands-parents de Jeffrey avaient eu six enfants, c'est pourquoi ils avaient voulu une maison aussi vaste. Mais un seul de ces six enfants – le grand-père de Jeffrey – avait fait ses racines dans la localité; les autres s'étaient égaillés un peu partout dans le vaste monde.

– Incapables de tenir en place, tous ces Moore! Une vraie bougeotte – comme ton père, fit observer tante Betty.

Jeffrey explorait chaque pièce, l'une après l'autre; malgré leur odeur de renfermé, ces pièces n'avaient pour lui rien d'impersonnel, d'anonyme. Tant de présences les hantaient! Il se serait presque attendu, en ouvrant la porte de quelque cabinet de toilette ou même de quelque placard, d'en voir sortir quelqu'un, vêtu comme on le voit dans les albums-photos. Chaque pièce, d'ailleurs, portait l'empreinte de quelque forte personnalité, sous forme d'une photographie, d'un ou de plusieurs objets. L'un de ses grands-oncles, par exemple, avait dans une vitrine une collection d'armes à feu, rapportées là après quelque quarante années d'Afrique. Ailleurs était réunie la collection d'étains de tous les coins du monde qu'avait amassée une grand-tante. En fait, la maison en était si vivante qu'il ne semblait jamais à Jeffrey être seul avec sa tante. Des souvenirs encore présents, il y en avait à peu près partout – à l'angle des corridors, dans les recoins des pièces, sous le grand escalier : c'est tout juste si l'on n'entendait pas les chamailleries des enfants, ou des bruits de galopades, dans ces longs couloirs qu'à présent tante Betty tenait brillants comme des miroirs. Pourtant Jeffrey n'en éprouvait pas la moindre anxiété. La maison n'était pas hantée; simplement, elle avait été si longtemps animée, pleine d'une vie tellement intense, qu'il en était resté quelque chose dans les murs, dans l'air même, quelque chose qui ne voulait pas mourir. D'une certaine façon, c'était là désormais une communauté de son invention, peuplée d'êtres qu'il n'avait pas connus, et qui seuls pouvaient enrayer l'impression de déracinement et de solitude susceptible de s'emparer de lui.

Quatre jours après son arrivée, le temps se radoucit brusquement. La neige étincelante se mit à fondre au soleil, à se retirer par endroits, à se fragmenter en taches qui rétrécissaient peu à peu, comme un ballon dont l'air s'échappe. Jeffrey sortit faire un tour au jardin. Au soleil, il faisait bon. Mais derrière la maison, dans l'ombre bleue, Jeffrey sentit le froid lui mordre le visage et les mains. Il eût aimé pouvoir faire partager à Rama cette sensation inédite. Il leva les yeux sur

la girouette. Des nuages glacés filaient vent
arrière au-dessus de la maison. Sa maison. *Sa*
maison? Tante Betty soutenait qu'elle était à lui,
désormais, qu'il était chez lui. Comme Rama était
chez lui dans sa grande maison, au village. Il se
souvenait maintenant de ces pincements de
jalousie qu'il avait éprouvés, parfois, lorsque
Rama ou d'autres faisaient allusion aux générations passées, avec ferveur et fierté. Pourtant,
comment était-il possible, se demandait Jeffrey,
de se sentir chez soi dans un lieu si peu familier?
Mais peu importait, au fond; seul comptait le fait
qu'il éprouvait l'impression d'être chez lui – peu
importait que ce fût dans une maison inconnue,
dans un pays inconnu, au cœur d'une saison
inconnue. Dans cette maison, s'affairant à la
cuisine, une femme était là qui ne cessait de lui
répéter qu'il était ici chez lui, dans la demeure de
ses ancêtres.

Vers la fin de cette première semaine, alors
qu'il pataugeait dans le jardin que le dégel avait
changé en boue, Jeffrey éprouva un sentiment
nouveau, qu'il n'avait jamais éprouvé jusqu'alors :
il lui sembla soudain que tout ce qui l'entourait
faisait partie de lui-même, et que lui-même en
faisait partie – chaque arbre, chaque buisson du
jardin, et la maison avec ses coins et ses recoins...
Au fond, même s'il lui avait toujours vaguement
semblé être chez lui au village, il était clair à
présent que quelque chose lui rappelait en per-

manence que ce n'était pas tout à fait vrai, que ce ne serait jamais tout à fait vrai; sa peau trop claire, ses yeux trop bleus, ses cheveux de sable, autant de détails qui lui rappelaient inconsciemment qu'il n'était pas tout à fait à sa place. Et pourtant... était-il réellement chez lui, ici? Oui, bien sûr. Mais d'un autre côté, non, pas vraiment. Car derrière le portail d'entrée s'ouvraient un trottoir de ciment et une chaussée d'asphalte menant à un monde qui lui était totalement étranger. Tant qu'il ne serait pas familiarisé avec ce monde-là, avec la ville toute proche, ses habitants, ses coutumes, cette impression d'être chez lui serait finalement factice, sujette à caution, et plus fragile encore, peut-être, que celle qu'il avait éprouvée là-bas, au village.

Chapitre 6

Huit jours après son arrivée, ils se rendirent au collège local, sa tante et lui. Ils discutèrent avec le principal, qui accepta d'inscrire Jeffrey pour le trimestre en cours, sous réserve de réussite à un petit examen. Aussi Jeffrey, l'après-midi même, plancha-t-il une heure durant sur le test en question, dans le bureau du principal. Enfin, après une autre heure d'attente, il apprit solennellement, sa tante à ses côtés, qu'il était admis à entrer dans la classe qui correspondait exactement à son âge; il avait certes fait preuve d'une grave insuffisance en histoire des Etats-Unis, mais son anglais était acceptable, et il avait obtenu un bon résultat en mathématiques.

Comme ils repartaient, longeant un couloir désert – les élèves étaient en cours –, tante Betty fit part à Jeffrey de sa satisfaction.

– Si tu avais vu ton père, au collège! disait-elle. Il n'était pas en peine, je t'assure. Mais une petite tendance à prendre un peu les choses à la légère.

150

Pas réellement ce que l'on appellerait paresseux, non...

Jeffrey jeta un coup d'œil en biais à trois élèves qui s'avançaient dans le couloir. Une bonne tête de plus que lui, une solide carrure, les cheveux plutôt longs.

– Ce qu'il y avait, c'est qu'il s'en moquait, d'exceller ou non. Ses professeurs avaient beau lui répéter qu'avec les moyens qu'il avait... Son père – ton grand-père – manqua plus de quatre fois d'en avoir le cœur brisé. Mais Warren avait une sacrée volonté, sous ses dehors de facilité...

D'autres élèves. Des garçons – grands, toujours. Et des filles – grandes, presque toutes. Jeffrey était habitué à ses camarades du sud de l'Inde, petits, minces, bâtis en souplesse et en agilité; au milieu d'eux, il était plutôt grand. Allait-il à présent se découvrir petit?

Il dut admettre, le lendemain, que tel était bien le cas, parmi ses camarades de classe, qu'il rejoignit ce jour-là. Il avait tenu à gagner seul le collège et à prendre le bus sans l'aide de sa tante, qui voulait pourtant l'accompagner pour cette première fois. Mais elle n'insista pas lorsqu'elle le vit aussi décidé à faire le trajet seul. Elle avait une façon de sourire, l'air de dire « fais comme bon te semble », qui mettait Jeffrey très à l'aise avec elle.

Ils étaient plus de vingt-cinq, dans sa classe, et le professeur le présenta en ces termes : « Jeffrey

151

Moore, qui vient de l'Inde. » Certains de ses condisciples le détaillèrent avec curiosité; d'autres vinrent le voir, après le cours, pour lui demander où il avait habité au juste. Mais le nom trop long et imprononçable de son village les découragea d'emblée, et, haussant les épaules, ils l'abandonnèrent dans le couloir. Après quoi il déambula seul, de couloir en couloir, durant les interclasses, et se fit bousculer comme tout un chacun. Ce qui le différenciait des autres, c'était sa solitude et son air hésitant. Mais cela lui était égal. Autant ne pas se mêler trop vite à ces nouveaux condisciples dont les éclats de voix, les mouvements brusques et l'énergie à revendre contrastaient si fortement avec tout ce que Jeffrey avait connu jusqu'ici. La chaleur étouffante, au village, imposait à bêtes et gens, quel que fût leur âge, un rythme sage et pondéré, une extrême économie de gestes; le bon usage, de plus, interdisait les cris et les rires sonores. Il ne serait pas facile non plus, sans doute, de se faire à ces salles de classe dans lesquelles la chaleur arrivait par des tuyaux, et dont les fenêtres embuées vous coupaient du monde extérieur. Jeffrey ne s'était jamais trouvé dans une salle de classe qui vous emprisonnait derrière des vitres. Tout au plus, à l'occasion, fermait-on parfois les volets, le temps de laisser passer un orage de mousson. Le reste du temps, les maîtres donnaient leurs leçons ou faisaient réciter les élèves sur le fond des bruits du dehors; le monde extérieur était tout proche : une corneille, par exemple, se berçait sur une branche, dardant sur les élèves un œil noir et critique; un petit serpent vert, tout près de là, s'enroulait aux branches d'un buisson aux fleurs pourpres... Malgré tout, dans ce monde inconnu, Jeffrey acceptait fort bien d'être seul – le temps de démêler de quoi il retournait. Tout lui était encore mystère : ce que l'on attendait des élèves, le nouveau rituel à observer, l'esprit décontracté de la classe, le peu de cérémonie dans les rapports de professeur à élèves. Et ce qui le choquait, c'était de voir filles et garçons la main dans la main aux interclasses. Au village, les filles se donnaient la main entre elles, d'accord, et les garçons étaient copains entre eux; mais les deux groupes restaient à l'écart l'un de l'autre. Que pensaient donc les professeurs, ici, lorsqu'ils voyaient un garçon et une fille se balader main dans la main dans un couloir?

Chaque jour qui passait apportait pourtant à Jeffrey son contingent d'expériences; il commençait à prendre des repères, à mieux saisir de quoi il retournait et ce que l'on attendait de lui. Un professeur lui expliqua gentiment, par exemple, qu'il était inutile de se dresser comme un diable à ressort lorsque l'on s'adressait à lui. Un autre lui fit comprendre qu'un style « fleuri » n'était pas de mise ici en matière d'explication de

153

textes; la dame en question avait écrit en grosses lettres, en haut de sa copie : « Dites les choses de manière simple et directe! » Elle ne pouvait pas savoir, bien sûr, qu'à l'école de la Mission, si Jeffrey avait omis d'appeler Shakespeare l'« immortel auteur de Macbeth » et ses écrits « des chefs-d'œuvre incomparables », son professeur aurait estimé qu'il ne savait pas apprécier à leur juste valeur les pièces de l'auteur anglais. Par contre, à l'occasion d'une interrogation écrite d'histoire, pour laquelle Jeffrey se révéla d'une ignorance abyssale, un autre professeur le prit à part après la classe pour lui déclarer, compréhensif : « Ne t'en fais pas une montagne. Dis-toi bien que tout cela est entièrement nouveau pour toi. »

Vers midi, tous les jours, il prenait place dans la queue houleuse qui s'allongeait devant la cafétéria. Le couloir, bondé, était secoué de turbulences à vous donner le tournis, que complétait un vacarme assourdissant. Jeffrey se sentait petit et frêle, même au milieu des garçons de son âge; ils n'étaient pas seulement plus grands, ils étaient plus lourds aussi. Cette heure de la journée était pour lui un cap difficile. Tous les jours, ou presque, il se trouvait face à un nouveau serveur. Ces serveurs – des élèves eux-mêmes – ne semblaient jamais comprendre ce que Jeffrey voulait dire lorsqu'il expliquait qu'il « ne prenait pas de ça », lorsqu'il retirait son plateau à la vue du généreux hamburger que l'on s'apprêtait à planter d'office dans son assiette. Il y récoltait toujours des regards ahuris. Parfois il s'attirait des remarques du style : « Eh, il ne va pas te mordre, ce hamburger ! » ou : « Quoi ? Il a une tête qui ne te revient pas ? »

Au rayon des desserts, les choses n'étaient pas plus simples ; chaque fois qu'il essayait de connaître les ingrédients de telle pâtisserie ou de tel entremets, il obtenait d'abord pour réponse un regard interrogateur.

– C'est fait avec des œufs, ça ? demandait-il en désignant un dessert.

– Ouais. Bien sûr. Avec des œufs.

Et zou ! On lui collait dans son plateau le dessert en question.

– Non, non ! refusait-il énergiquement, en rendant son plateau.

En général, on lui riait au nez, ou on lui décochait un regard méprisant.

Un jour, comme il prenait place à une table de la cafétéria, deux garçons de sa classe s'approchèrent de lui.

– Tu permets qu'on s'installe ici ?

Il acquiesça timidement.

Ces deux-là, il les connaissait de vue. Le plus grand – une vraie perche – était un joueur de basket que Jeffrey avait vu en action lors de sa première visite au préau de gymnastique. Tom Carrington était, de loin, le plus grand de tous les garçons de quatorze ans du collège; en fait, c'était même l'un des plus grands de tous les élèves. Et Jeffrey avait beau ne s'y connaître que très modérément en basket, il avait tout de même pu noter avec quelle sorte d'instinct jouait Tom Carrington, avec quelle grâce naturelle il vous maniait cette balle. Jeffrey avait même regretté d'apprendre que la saison de basket était terminée; il aurait aimé voir d'autres matchs.

L'autre garçon, plus petit, mais joueur de basket aussi, regardait fixement quelque chose. Jeffrey, suivant son regard, baissa les yeux sur son assiette, car c'était elle, apparemment, qui captivait l'attention de Phil Booker. Que pouvait-elle avoir d'anormal?

– Mais bon sang, pourquoi ne manges-tu donc rien? demanda enfin le dénommé Phil, le sourcil froncé, tout en s'attaquant à sa propre assiette, sur laquelle s'empilaient trois hamburgers.

– Comment ça? Mais si, je mange!

– Ce qu'il veut dire, intervint alors Tom Carrington, c'est que tu ne prends pas de viande. Tu devrais; ça te réchaufferait. Tu as tout le temps l'air d'avoir froid.

Il était exact que Jeffrey avait bien souvent froid. La semaine précédente, le préau de gymnastique avait été fermé pour cause de travaux, si bien que les cours d'éducation physique avaient eu lieu en plein air. La plupart des garçons n'en avaient pas moins joyeusement shooté dans des ballons, ou tourné autour de la cour au pas de course. Jeffrey, lui, avait passé le plus clair de son temps au bord de la piste, à sauter d'un pied sur l'autre, les mains dans les poches, incapable de se réchauffer.

– Tiens, prends-en donc un des miens, offrit soudain Tom en poussant vers lui sa propre assiettée de hamburgers.

– Non non, merci, je n'en prends pas.

– Et pourquoi? T'es un de ces dingues de régimes, ou quoi? s'informa Phil, la bouche pleine.

– Dingues de régimes? répéta Jeffrey.

– Oui, ces types qui se nourrissent de germes de blé, de graines de je-ne-sais-quoi, de trucs biologiques. C'est pas comme ça qu'on se nourrit, en Inde?

– Non, non, non, répliqua vivement Jeffrey, levant sa fourchette chargée de légumes sans sauce. Je ne suis pas un dingue de régimes. Simplement, je ne prends pas de viande.

– Alors, tu es végétarien, conclut Tom.

Jeffrey acquiesça en souriant.

– Pardi! C'est bien ce que je disais : un type à régimes! triompha Phil en arrosant de ketchup sa montagne de hamburgers.

– Tout le monde est-il végétarien, en Inde? s'enquit Tom, apparemment intéressé.

– Certains le sont, d'autres pas.

– D'après ce que j'ai entendu dire, intervint Phil, là-bas les gens sont si pauvres qu'ils boufferaient

157

n'importe quoi. (Il se tourna vers Tom.) Tu sais ce type, là, ce senior – je ne sais plus son nom –, eh bien, c'en est un, lui aussi, un végétarien.

– Qui ça? dit Tom.

– Truc-Machin. Mais si, tu sais bien! Un petit tout maigre, à peu près de sa taille à lui (de la pointe de sa fourchette, il désignait Jeffrey). Qui porte des lunettes!

– Ah : Debates?

– Voilà, c'est ça. Un dingue de régimes! s'écria Phil, tout content, et il pointa à nouveau sa fourchette vers Jeffrey. Comme toi!

– Je ne vois pas le mal qu'il y a à suivre un régime, avança Tom.

– Ah bon? Mon père dit que c'est des lubies, tout ça!

– Ecoute, dit Tom, moi je t'assure que si on me disait que ça va faire monter de cinq points mon taux de paniers réussis, je serais capable d'avaler des feuilles sèches.

A ce point de la conversation, Jeffrey émit un renvoi bruyant. Il se demandait si ces garçons l'accepteraient plus facilement, s'il mangeait de la viande. Etait-il indispensable de manger de la viande, en Amérique, si l'on voulait se faire des amis? Pour quelqu'un comme Tom Carrington, ça n'avait pas l'air absolument indispensable, mais pour Phil Booker, peut-être bien que si. Jeffrey éructa de nouveau bruyamment, et s'étonna de lire sur les deux visages qui lui

faisaient face une impression de profond
dégoût.

– En fait, si je ne prends pas de viande, leur
expliqua-t-il, c'est une question d'habitude.

Mais apparemment cette habitude-là n'était
pas du goût des deux garçons, car tous deux à
présent le dévisageaient, l'air outré. Ils échangèrent un regard, se levèrent sans un mot et
allèrent s'asseoir à une autre table.

Qu'avait-il fait? Refusé de manger de la viande.
Mais comment prendre d'un aliment qu'il avait
toujours vu chacun éviter soigneusement, au
village, un aliment banni de l'alimentation, parfois même honni et maudit? Une lubie, le végé-
talisme? Alors c'était une lubie qui durait depuis
des milliers d'années, en Inde. Il regarda les deux
garçons, assis de l'autre côté de l'allée, qui s'af-
fairaient à engloutir leurs hamburgers en lui
jetant de temps à autre un regard de côté. Vivre
en Amérique n'allait pas être facile. Peu de gens,
à l'évidence, se montreraient aussi tolérants que
sa tante.

Au repas du soir, précisément, il conta l'incident.

Tante Betty ne cacha pas sa profonde per-
plexité.

– Là, vraiment, non, je ne comprends pas, dit-
elle, le front soucieux. Je n'arrive pas à croire
que des garçons de ton âge prennent la mouche

159

pour la simple raison que tu ne manges pas de viande. Mais peut-être voulaient-ils te mettre un peu en boîte? Seulement, de là à aller s'asseoir à une autre table...?

Visiblement, pour elle, c'était à n'y rien comprendre.

Mais le lendemain soir, au dîner, elle lui fit elle-même les gros yeux, l'air furieux.

– Jeffrey? Que dit-on, dans ces cas-là?

– Comment?

– Sais-tu ce que tu viens de faire?

– Comment ça?

– Ce que tu viens de faire *à l'instant*!

Jeffrey inventoria mentalement ses gestes des minutes précédentes, puis il sourit, désarçonné.

– Je n'ai rien fait d'autre que de manger, ma tante.

– Manger, oui! Et puis roter bruyamment, aussi! Tu m'as pratiquement roté à la figure, et cela sans un mot d'excuse, sans le plus petit « pardon! » ou Dieu sait quoi d'autre!

Avait-il lâché un renvoi? Jeffrey ne s'en souvenait plus. Qu'est-ce qui pouvait bien rendre sa tante aussi furieuse? Elle arborait la même expression que les deux garçons, la veille, à la cafétéria : un profond dégoût.

Il tenta de sourire.

– Jeffrey, as-tu seulement une idée de ce dont je parle ici?

– Non, ma'ame.

– Est-ce cela que tu as fait hier, au collège – à la cafétéria, je veux dire?

– Fait quoi?

– Un renvoi, et sans t'excuser. Comme tu viens de le faire ici.

Il esquissa un geste d'impuissance.

– Ce n'est pas impossible. Je suis désolé, mais je ne m'en souviens plus.

– Peut-être est-ce là ce que tu as fait, à table, avec ces deux garçons, et qui leur a tant déplu?

Jeffrey hocha la tête, songeur.

– Peut-être.

Alors tante Betty, se radoucissant, parut quelque peu se détendre; elle se pencha vers lui.

– Il faut que tu saches, mon garçon, que les renvois en public, ici, ça ne se fait absolument pas. Les gosses ont beau être élevés de façon beaucoup moins stricte qu'autrefois, on leur apprend encore à ne pas faire de renvoi, ou tout au moins, à le faire bouche fermée, et en tout cas à s'excuser. Seigneur!... Ne s'excuse-t-on donc pas, là d'où tu viens, en pareil cas?

– Non, ma'ame.

– Et ton père ne t'a jamais appris que cela se faisait?

– Papa et moi, nous prenions nos repas comme des Indiens.

Et Jeffrey, joignant le geste à la parole, leva la main droite pour aller la plonger au milieu de son assiette, saisissant du bout des doigts une petite portion de pommes de terre qu'il porta à sa bouche; sur quoi, s'étant léché les doigts, il se renversa dignement sur le dossier de sa chaise.

– Voilà, comme ça. Simplement, sur les légumes, il y avait du poivron vert. Et comme la nourriture épicée provoque des renvois, eh bien, on les évacue, c'est tout. Tout le monde le fait, personne ne dit rien. Tout le monde trouve ça normal.

Sa tante hocha la tête, plutôt consternée.

– Ça ne fait rien, Warren aurait tout de même pu t'apprendre de meilleures manières!

– Papa avait autre chose à faire.

Il y avait dans sa voix une note de ferveur défensive, et tante Betty, s'éclaircissant la gorge, rectifia :

– Quoi qu'il en soit, maintenant tu sais comment on fait ici – dans ton pays, Jeffrey.

– Oui, ma'ame. Je crois que j'ai compris.

– Il est seulement bien dommage que l'on ne puisse pas faire comprendre à tes camarades de classe que tu viens d'un pays aux mœurs si différentes des nôtres.

– Peut-être qu'ils finiront par le comprendre.

Tante Betty sourit.

– Je crois que c'est ce qu'il faut se dire, au fond. Patienter et espérer. C'était ce que ton grand-père disait toujours : de la patience et de l'espoir, c'est là-dessus qu'il faut compter.

Au ton de sa voix, Jeffrey se sentit tout de suite

beaucoup mieux. De sa place, il pouvait voir, au-dessus de la cheminée, la tête ronde et chenue de cet arrière-grand-père au regard décidé, qui avait bâti cette maison de ses propres mains. Et ce soir-là, blotti dans son lit, alors que le vent glacé venait battre contre les vitres, il se prit à songer à ce portrait sévère, puis à cet autre homme austère, son grand-père celui-là, qui dominait de son cadre le palier de l'étage; et il revit en pensée, une fois de plus, les cendres de son père qui s'enfonçaient doucement dans les eaux de la Cauvery. Il lui semblait tout à coup que ces trois hommes étaient tout proches, qu'ils étaient là, autour de son lit, et qu'ils lui souhaitaient bonne nuit au rythme de la pendulette – bonne nuit, bonne nuit, bonne nuit...

Chapitre 7

Le gymnase avait été rouvert, et le cours d'éducation physique devait se dérouler à la piscine.

Après la douche réglementaire, le groupe de Jeffrey – une quinzaine de garçons – se regroupa au bord du bassin, et chacun dut à son tour, sous le regard rogue d'un moniteur bien décuplé, plonger ou sauter à l'eau et effectuer à la nage une longueur de bassin. Jeffrey regarda ses camarades s'exécuter. Aucun ne nageait aussi mal que lui, pour la bonne raison qu'il n'avait jamais réellement appris, pas plus qu'aucun de ses copains du village. Ils s'étaient contentés tout bonnement, Rama, trois amis et lui, de s'avancer dans l'eau du lac jusqu'à en avoir au ras du menton, et, de là, en se débattant de leur mieux, de tâcher de regagner le rivage. Ils avaient tous, à leur manière, fini par savoir nager, mais sûrement pas comme ces Américains qui glissaient sur l'eau avec des gestes souples et bien coordonnés. Et Jeffrey fut plutôt gêné lorsque vint son tour de se jeter à l'eau et d'actionner de son mieux bras et jambes pour gagner l'autre bout du bassin.

Au coup de sifflet, chacun se hissa hors de l'eau et attendit les instructions suivantes. Le moniteur scinda son groupe en deux équipes pour un relais. Chaque nageur, dans l'un et l'autre groupe, effectuerait une longueur. Sitôt que l'un d'eux aurait touché l'autre extrémité de la piscine, un autre nageur de son équipe plongerait à son tour. Et ainsi de suite, jusqu'à épuisement des nageurs. L'équipe gagnante serait celle qui aurait terminé la première.

L'équipe de Jeffrey se comportait honorablement lorsque vint son tour de se jeter à l'eau – il n'avait jamais plongé réellement, simplement sauté à l'eau depuis le dos d'un buffle. Il se mit à nager à l'aveuglette, avec la dernière énergie. Par deux fois, il heurta le bord du bassin et, lorsqu'il atteignit l'extrémité, l'équipe adverse avait comblé son retard et menait à présent d'une bonne demi-longueur. Relevant la tête vers ses coéquipiers, Jeffrey lut sur leurs visages la première réaction vive qu'il eût provoquée chez un groupe depuis son arrivée dans ce collège; et c'était le mépris. Il se hissa sur le bord, et ne put que regarder son équipe perdre. D'une demi-longueur – le retard, hélas, qui lui était imputable.

Ensuite, le moniteur leur intima l'ordre de se

remettre à l'eau. Il leur expliqua que retenir son souffle était un excellent exercice, qui augmentait la capacité pulmonaire et avait donc une influence favorable sur l'état de santé général. Par conséquent, il voulait voir qui, dans la classe, était capable de retenir son souffle le plus longtemps. Ce disant, il brandissait un chronomètre dans sa main musclée.

– Quand j'aurai compté jusqu'à trois, prenez une aspiration, enfoncez-vous sous l'eau, et restez-y le plus longtemps possible.

Les garçons sautèrent dans le petit bain, où ils avaient de l'eau jusqu'à la taille; le moniteur se dirigea vers le tremplin et se planta à son extrémité. Pendant ce temps, Jeffrey prenait des aspirations brèves et rapides, tout en rentrant l'abdomen, à petits coups répétés, comme on actionnerait un soufflet. En l'espace de quelques secondes, il sentit ses poumons se gonfler – c'était le but de la manœuvre. Et lorsqu'il entendit le moniteur aboyer « Un... Deux... Trois! », il prit une large et profonde aspiration avant de s'enfoncer sous l'eau. Il ferma les yeux et se concentra sur cette zone sombre entre les arcades sourcilières; et sur ce point imaginaire apparut alors, comme son gourou lui avait appris à faire apparaître, une petite tache de lumière blanche et nébuleuse qui se mettait à trembloter, puis à battre en cadence. Il concentra toute son attention sur cette pulsation lumineuse, s'absorbant

166

tout entier dans sa surveillance, jusqu'à ce qu'enfin, l'air de ses poumons étant épuisé, son corps vînt lui rappeler impérativement qu'il était temps d'inspirer de nouveau. Alors, Jeffrey rejaillit à la surface et, se contrôlant parfaitement – il s'était exercé à cela, aussi –, il s'efforça de prendre une lente aspiration, d'une seule et longue coulée du diaphragme.

Hors du bassin, sur le bord, ses camarades l'observaient, les yeux ronds, certains même bouche bée. Il n'y avait plus que lui dans l'eau.

Debout sur son tremplin, le moniteur regardait son chronomètre, puis Jeffrey, puis son chronomètre, puis Jeffrey.

– Deux minutes vingt-trois secondes! annonça-t-il sur un ton incrédule.

Jeffrey s'avança vers le bord.

– Deux minutes vingt-trois, répétait le moniteur qui avait manifestement du mal à y croire. Dis, tu peux me répéter ton nom?

– Jeffrey Moore, monsieur.

– Ah oui, Jeffrey Moore. Eh bien, je dois te dire, Jeffrey, que depuis quinze ans que je suis dans ce collège, je n'avais vu personne dépasser les deux minutes. (D'un regard de connaisseur, il jaugeait la silhouette frêle.) Parfait, dit-il en s'adressant au groupe. Maintenant, vous faites ce que vous voulez!

Durant le reste de l'heure, les garçons s'amusèrent à nager à leur gré, à se couler mutuellement.

167

Jeffrey nagea quelques instants, mais il ne tarda pas à sortir et il alla s'asseoir contre un mur, pour regarder les autres – les autres dont plus d'un lui jetait à présent des coups d'œil pleins de curiosité. Dans sa cabine, comme il se rhabillait, il sentit soudain qu'on lui tapait l'épaule.

– Dis donc, comment tu fais ça, toi, pour rester sous l'eau si longtemps?

L'autre le dévisageait, perplexe. Exception faite de quelques questions banales, vaguement lancées en l'air, c'était la première fois que quelqu'un adressait à Jeffrey une question sincère et sérieuse. Aussi répondit-il avec le même sérieux :

– Oh, ce n'est pas difficile, une fois qu'on a appris le Bhastrika Pranayama.

– Le quoi?

– Une façon de respirer. (Il eut un geste de la main.) Je te montrerai, si tu veux. C'est mon Maître qui me l'a apprise. Ce n'est pas tellement difficile. Je pou...

Une sonnerie l'interrompit. L'heure de natation était terminée. Le garçon tourna les talons, regagna sa propre cabine en hâte, et s'y enferma. D'autres nageurs arrivaient en force, et Jeffrey se hâta de finir de se rhabiller.

Dans le couloir, en route pour un cours d'histoire, une nouvelle tape sur l'épaule fit se retourner Jeffrey. Cette fois, il dut lever le nez pour voir de qui il s'agissait. C'était Tom Carrington, le joueur de basket.

– Eh, dis donc, il y a des copains qui viennent chez moi, vendredi soir, après la classe. Tu peux venir aussi, si tu veux.

Jeffrey fit signe qu'il avait compris.

– Oui, merci, dit-il – et il brûlait d'ajouter : « Je suis désolé, pour ce renvoi, l'autre jour, à la cafétéria. Je ne savais pas... »

Mais il ne dit rien et regarda Tom Carrington s'éloigner à grands pas. Il se souvenait de ce que lui avait dit son père, au village, durant ces derniers temps où il parlait tant – comme s'il voulait tout dire, à présent que le temps pressait; ils avaient évoqué le sentiment de regret, et son père avait dit : « Ne regrette jamais le passé. Consacre toute ton énergie au présent, à l'instant présent. »

Aussi Jeffrey s'efforça-t-il d'accorder son attention à la guerre de Sécession, qui était au programme du jour, pour l'heure; mais sa pensée vagabondait; il ne pouvait se retenir de déguster, encore une fois, sa petite victoire au fond de la piscine, et d'espérer que l'incident de la cafétéria serait bientôt oublié. Abraham Lincoln, Robert E. Lee, Ulysses S. Grant, 1863 : Chattanooga... Mais l'événement important de la journée, c'était qu'on l'avait remarqué... Vanité, aurait dit son père. Eh bien oui, sans doute, c'était de la vanité; mais tout de même, c'était bien bon, d'avoir retenu son souffle plus longtemps que tous les autres.

Chapitre 8

Le restant de la semaine, Jeffrey attendit le vendredi. Là-bas, au village, jamais il ne s'était senti seul – du moins jusqu'à la mort de son père. Avec les garçons de son âge, il avait joué au cricket, s'était baigné dans le lac, avait grimpé aux arbres, chassé la vipère... Et puis, après la mort de son père, c'était comme si le monde l'avait tenu à l'écart, emmuré derrière des souvenirs trop forts : un brasier qui crépite, un fleuve à l'aube, l'envol de milliers d'oiseaux. Certes, tante Betty avait fait de son mieux pour le mettre à l'aise; elle avait même réussi ce tour de force de faire en sorte qu'il se sentît chez lui, quasiment d'emblée, dans la grande bâtisse où ils vivaient tous deux. Mais il avait fallu cette invitation de Tom Carrington pour que Jeffrey entrevît soudain une chance de retrouver un univers plus proche de celui qu'il avait connu naguère, un univers peuplé d'amis et de camarades, et d'activités en commun.

C'est avec une excitation croissante (et un brin d'appréhension) que Jeffrey, ce vendredi après-midi, se dirigea vers la maison de Tom Carrington. Il sonna, hésitant, mais la réponse se fit attendre si longtemps qu'il crut un instant s'être trompé de jour. Enfin une femme vint ouvrir la porte d'un geste brusque, et salua Jeffrey d'un froncement de sourcil.

– Entre donc! dit-elle. Ils sont au sous-sol.

Jeffrey crut comprendre, à son air agacé, qu'il aurait mieux fait d'entrer sans sonner. Il n'était encore qu'en haut de l'escalier descendant au sous-sol que déjà lui parvenaient, lourds, insistants, les rythmes d'une musique rock qui ne lésinait pas sur les basses. Le sous-sol n'était que vaguement éclairé, hormis une table de billard autour de laquelle s'excitaient quatre joueurs acharnés. Dans un espace étroit, à côté de la table, deux couples s'occupaient à danser. Tom Carrington était assis sur un canapé; il sirotait un coca-cola. A côté de lui était assise une fille de leur classe, aux longues tresses brunes, plutôt jolie, Lucy Smith. Jeffrey l'avait repérée, en classe, parce qu'elle était toujours prête à répondre, même lorsque la question posée collait le reste de la classe. Jeffrey s'avança vers Tom et se planta devant lui, ne sachant trop ce qu'il était censé faire. Tom et Lucy le regardèrent sans rien dire, et il s'assit.

– Le coca-cola est au frigo, dit Tom en désignant

171

d'un geste vague le coin-bar, où s'alignaient sur des étagères de verre des bouteilles et des flacons de toutes sortes.

Là-dessus, sans ajouter un mot, Tom se leva et alla observer la partie de billard.

– Tiens, j'ai entendu parler de toi, déclara Lucy, *ex abrupto*. (Elle portait un appareil dentaire, qui ne parvenait pas à l'enlaidir.) J'ai entendu dire que tu étais resté sous l'eau plus longtemps que tous les autres – et même plus longtemps que quiconque l'a jamais fait au collège.

Jeffrey fut étonné. Hormis ce condisciple qui l'avait interrogé, au vestiaire, nul n'y avait fait allusion depuis.

– Ils n'arrivaient pas à croire que tu restais si longtemps, poursuivait Lucy, qui l'examinait de la tête aux pieds. Tu n'as vraiment pas l'air de quelqu'un qui puisse retenir son souffle pendant deux minutes vingt-trois secondes! Il y en a quatre ou cinq qui étaient tellement estomaqués que tu sais ce qu'ils ont fait? Ils sont allés trouver Hank Foley – un senior, drôlement baraqué, avant-centre au foot – et ils lui ont demandé de retenir son souffle au maximum. Il n'a pas même *approché* les deux minutes!

Jeffrey ne savait pas ce qu'était un avant-centre, mais manifestement ce Hank Foley devait être autrement bâti que lui.

– Ah bon, je ne savais pas, dit-il. Personne ne m'en a parlé.

Elle eut un petit rire.

– C'est parce qu'ils ne savent absolument pas comment tu as pu faire. Au fait, comment as-tu fait ?

Encouragé par son sourire irrésistible, Jeffrey entreprit de lui expliquer ce qu'étaient les exercices respiratoires pratiqués par les yogis indiens. Sur sa demande pressante, il fit la démonstration de plusieurs de ces méthodes – le Bhastrika, l'Ujjai, le Sitali –, cependant que les baffles continuaient de déverser leur musique à plein volume, que de nouveaux arrivants tournoyaient dans leur coin, et que les joueurs de billards rassemblaient leurs boules pour une autre partie. Phil Booker, qui venait de perdre à la dernière, s'approcha du divan d'un pas nonchalant, à l'instant même où Jeffrey, pour démontrer une autre technique, exhibait une langue enroulée en tube comme une feuille, et aspirait profondément.

Les points sur les hanches, Phil interrogea Lucy :

– Bon sang, qu'est-ce qu'il fait, lui, là ? On peut savoir ?

Elle le congédia d'un geste impatienté, et continua d'observer Jeffrey qui aspirait l'air par sa langue en tube.

Phil marmonna tout bas quelque chose et se détourna.

Lucy voulut absolument savoir, ensuite, le

pourquoi de tous ces exercices respiratoires si complexes.

– Pour apaiser l'esprit, dit Jeffrey.

– Apaiser l'esprit, mais pourquoi? insista-t-elle.

Comment répondre à une question pareille, dans ce sous-sol qui réverbérait à tous les échos une musique plus que tonique, le cliquetis des boules de billard, les éclats de rire et de voix? Et quand même le silence eût été complet, comment Jeffrey eût-il pu expliquer une chose qui avait si intimement fait partie de sa vie même, aussi loin qu'il pût remonter dans ses souvenirs? Apaiser son esprit, c'était... c'était apaiser son esprit. C'était tendre vers un idéal que chacun considérait, au village, comme essentiel au bonheur, à la paix profonde, au bien-être. Aussi détourna-t-il la question en ajoutant qu'il existait autre chose, dans cette recherche de la paix de l'esprit. Une dimension de profondeur, que procuraient les *mantras*.

– Les mantras? Qu'est-ce que c'est? voulut savoir Lucy, fervente.

– Des incantations. Des chants, si tu préfères.

– Magiques?

– Non. Plutôt des prières.

– Tu veux dire : comme *nos* prières à nous?

Ne tenant pas précisément à laisser voir son ignorance en matière de prières chrétiennes, Jeffrey répondit prudemment :

– Si tu veux, oui; je dirais que c'est un peu ça.

174

– Oh, dis-m'en un! le pressa Lucy en joignant ses mains. Dis-moi un mantra! S'il te plaît!

Jeffrey hésita. Que voulait-elle savoir? A sa connaissance, les mantras étaient sacrés. La curiosité insouciante de cette fille le déroutait.

– S'il te plaît, suppliait-elle, enjôleuse.

Deux ou trois silhouettes vinrent virevolter non loin du canapé. Un garçon s'inclina vers Lucy pour l'inviter à danser, mais elle le chassa de la main. Une fille lui demanda de quoi il était question; Lucy secoua la tête d'un air agacé, sans détacher son regard de Jeffrey.

– Dis-moi un mantra – le plus beau que tu connaisses! plaida-t-elle.

Il se faisait un tel vacarme, dans ce sous-sol, que Jeffrey devait se pencher vers elle pour se faire entendre.

– Ecoute, je vais te dire le Gayatri.

Lucy l'interrompit.

– Mais viens plus près, je n'entends rien! Viens ici!

Du geste, elle lui faisait signe de venir s'asseoir tout près d'elle.

– Non, dit-il, mal à l'aise. C'est très bien comme ça.

– S'il te plaît! Je te dis que je n'entends rien!

Elle tapotait le siège rembourré du canapé, à côté d'elle.

La vérité est que cette invite prenait Jeffrey de court. Jamais une fille, en Inde, n'aurait demandé à un garçon de venir s'asseoir près d'elle. Mais le sourire de Lucy était tellement convaincant qu'il se leva et fit ce qu'elle lui demandait. Simplement, il s'écarta un peu lorsque sa cuisse vint effleurer celle de Lucy.

– Voilà, et maintenant, vas-y!

– C'est un mantra très sacré, commença-t-il. Le Gayatri Mantra.

– Formidable!

Une fois de plus, son enthousiasme le dérouta quelque peu; pourtant, lorsqu'en tapant sur son poignet elle répéta « Dis-moi! », Jeffrey lui expliqua, sentant croître son propre enthousiasme, que pour les brahmanes hindous rien ne saurait purifier l'esprit mieux que la récitation du Gayatri. Il n'ajouta pas que, par le passé, l'écoute de ce mantra était interdite aux femmes.

– Vas-y, dis-le! S'il te plaît!

Alors, dans une sorte de chant modulé (Lucy penchait l'oreille vers sa bouche, pour mieux saisir toutes les syllabes), Jeffrey entonna à mi-voix son mantra : « Om tut suh-viter vah ree yen yim. »

– Hé? Qu'est-ce que c'est, comme langue?

Elle avait son visage à quelques centimètres du sien.

– Du sanskrit.

– Une langue de l'Inde, c'est ça?

– Oui. Très ancienne.

– Comme le grec et le latin?

Il acquiesça.

– Continue!

L'oreille de Lucy était terriblement proche de sa bouche, que c'en était déconcertant. Il poursuivit cependant, par-dessus le tohu-bohu du sous-sol : « Boor-go day-vahs-yah dee moo hee/Dee yo yo nuh pra choo duh yat! »

Lucy lui empoigna l'épaule pour le rapprocher encore.

– Tu répètes, s'il te plaît?

Et Jeffrey reprit le mantra, une fois, deux fois, trois fois, et Lucy l'écoutait intensément, jusqu'à pouvoir répéter tout bas un long enchaînement de ces syllabes. Jeffrey alors exulta tout bas : elle essayait de retenir le mantra! Il se sentit envahir de fierté. Il avait apporté quelque chose de lui-même dans ce sous-sol – quelque chose d'autre, quelque chose de plus que la pratique du billard ou que les danses en vogue. Il avait apporté quelque chose de son passé, de son Inde à lui, dans cette pièce, et quelqu'un l'avait accepté. Il en était plein de gratitude envers Lucy, bien que déconcerté, encore, par cette façon qu'elle avait de s'approcher tant, sans vergogne, et par son ardeur un peu légère – on n'apprend pas un mantra comme on le ferait d'une chanson à la mode. Il continuait pourtant de moduler doucement l'incantation dans l'oreille de la fille aux tresses brunes, tandis que tout le sous-sol vibrait sous les décibels déchaînés.

Cependant, tout en récitant, il constatait à la pendule du mur d'en face qu'il était temps pour lui de partir. Tante Betty lui avait demandé d'être de retour à sept heures. Le matin même, elle avait insisté, pour quelque raison connue d'elle seule, pour qu'il fût de retour à l'heure dite – peut-être simplement parce que, jusqu'à présent, il était toujours rentré directement du collège. Si elle avait pu se douter qu'au village, quand son père parcourait les routes de l'Inde, Jeffrey était parfois resté seul à la maison des semaines d'affilée!

Lucy voulait à présent savoir ce que voulaient dire les mots du mantra.

Il expliqua qu'il s'agissait d'une prière au Soleil. Elle s'adressait au Dieu par-delà Dieu.

– « Pensons tous, traduisit-il, à la lumière ardente de Ceux qui Brillent, afin que l'invisible Source divine illumine nos esprits. »

– Quoi, quoi? Répète! pria-t-elle avec une grimace.

– Désolé, mais il faut que je rentre.

Jeffrey se leva et, ne sachant trop comment prendre congé, il salua Lucy d'une esquisse de courbette.

Lucy étouffa un petit rire.

Jeffrey tourna alors les talons, cherchant des yeux Tom Carrington.

Il l'aperçut à la table de billard, plié en deux, en train de viser. Il attendit que Tom se fût redressé pour s'approcher de lui. Le grand gaillard baissa les yeux vers lui.

– Bonsoir et merci, dit Jeffrey.

Tom le salua d'un distrait hochement de tête et revint à son jeu de billard.

Et ce fut tout. Jeffrey gravit sans hâte l'escalier du sous-sol, après un dernier regard par-dessus son épaule; Lucy, pelotonnée sur le canapé, riait avec deux amies.

Une fois dehors, dans l'air immobile de ce début de soirée, il réalisa combien il se serait senti seul, chez Tom Carrington, si Lucy ne lui avait pas adressé la parole. Son intérêt pour les mantras était-il sincère? Ou cherchait-elle seulement à être gentille? Peu importait; elle savait déjà par cœur la majeure partie du Gayatri Mantra. Elle retenait vite. Avec un peu d'entraînement – une demi-heure de pratique par jour – elle devait être capable de réciter ce mantra avec l'aisance d'un brahmane. Cela dit, pourquoi diable Tom Carrington l'avait-il invité, lui, au fait? Ils n'avaient pas échangé deux mots, et Tom, apparemment, avait même plutôt cherché à l'éviter.

L'air était vif, mais pas réellement froid – rien à voir avec ce froid piquant qui avait fait la loi, depuis son arrivée. Jeffrey laissa son anorak ouvert tout le long du trajet du retour. Il tournait et retournait dans sa tête les images récoltées à cette soirée – ces garçons et ces filles de son âge,

179

dans ce sous-sol, si débordants d'énergie, bruyants, exubérants, mais fortement désinvoltes, aussi. Il n'était guère facile de savoir ce qu'ils avaient derrière la tête, ou de le deviner d'après leur comportement, en tout cas. Au village, ils seraient passés pour mal élevés, et franchement insolents. Au village, en cas d'invitation chez les parents d'amis, il fallait veiller soigneusement à ne pas gêner les adultes; surtout, pas de bruit, pas de gestes brusques – mais de grandes démonstrations de politesse. Avant de quitter le toit de vos hôtes, il fallait remercier avec insistance toute la maisonnée, à partir de la grand-mère, pour les galettes de riz et le thé, et prodiguer à profusion de révérencieuses courbettes avant de sortir de la maison. Mais la mère de Tom, ce soir, était restée invisible; et Jeffrey voyait mal chacun des visiteurs du sous-sol, en fin de soirée, se lancer à sa recherche pour lui présenter ses respects avant de prendre congé.

Il en était là de ses réflexions lorsqu'il poussa la porte de la vieille demeure. Du fond de la salle de séjour lui parvint la voix de sa tante, un tantinet aiguë, comme chargée d'anxiété.

– Jeffrey? C'est toi? Je commençais à me faire du souci! Tu es en retard.

L'était-il réellement? Ce n'était guère pensable. Tante Betty surgit de la salle de séjour et referma derrière elle la porte à double battant.

– Il me semble qu'il y a des heures que je

t'attends! dit-elle avec un grand sourire. T'es-tu bien amusé?

Mais elle n'attendit pas la réponse. Elle enchaînait déjà :

– Ne perdons pas de temps. Viens. Entre donc! (Ce disant, elle le poussait vers la double porte qu'elle ouvrit d'un seul geste.) Entre!

Jeffrey n'eut pas besoin de franchir le seuil; une présence insolite, au beau milieu de la pièce, lui avait sauté aux yeux : une bicyclette!

Il nota tout de suite qu'elle était équipée d'un éclairage, de plusieurs vitesses et d'un protège-chaîne. Sous la lumière électrique, elle brillait de tous ses chromes.

– Voilà pourquoi je t'attendais avec tant d'impatience! triompha tante Betty. Alors, te plaît-elle? Dis-moi?

Jeffrey fit glisser ses doigts le long de la courbe lisse du garde-boue de la roue avant. C'était un bel engin.

– Je venais de me dire, poursuivait derrière lui tante Betty, que tu allais avoir besoin d'un vélo, avec le printemps... Quand ce ne serait que pour pouvoir aller faire des balades hors de la ville! Et le printemps est dans l'air, déjà, que c'en est délicieux!

Un vélo. Un engin superbe. Tante Betty ne pouvait se faire une idée de ce que représentait une bicyclette, en Inde. C'était un passeport, la clé du monde. Sans vélo, au village, vous étiez livré aux horaires fantasques des bus, aux longues marches épuisantes sous un soleil sans pitié. Un vélo, c'était presque comme un bras, une jambe, un œil. Jeffrey n'en avait jamais possédé, bien que son père lui eût souvent promis que « dès qu'ils auraient quatre sous devant eux », ce serait leur premier achat. Naturellement, ces quatre sous, ils ne les avaient jamais eus – ils avaient déjà bien du mal à joindre les deux bouts! Le scooter dont se servait son père était la propriété de la Welfare Association pour laquelle il travaillait; et Jeffrey, le matin de son départ, avait sagement roulé l'engin à la main – pour ne pas risquer d'accident – pour aller le remettre à un fonctionnaire local chez qui l'Association viendrait le récupérer un peu plus tard.

Un vélo. Il actionna le changement de vitesses, s'agenouilla pour palper les pneus minces et fermes. La belle bête. Et pourtant quelque chose n'allait pas. Non pas dans l'engin lui-même, mais dans le fait de le posséder. Jeffrey risqua un coup d'œil sur sa tante, qui rayonnait.

– Il a dû te coûter les yeux de la tête.

Elle chassa l'objection d'un geste.

– Mais non, pas tant que ça.

– N'empêche que tu as vendu ta voiture, pour économiser.

– Parce que je n'en avais pas vraiment besoin, tout simplement! Ne te tracasse donc pas. L'ar-

182

gent n'entre pas en ligne de compte quand un garçon a besoin d'une bicyclette.

Elle s'exprimait exactement comme l'aurait fait son frère. La voix était plus aiguë, plus ténue, mais les mots étaient les mêmes : vibrants d'optimisme, d'insouciance – et suspects. Jeffrey avait assez longtemps vécu avec quelqu'un qui se souciait fort peu d'argent pour en reconnaître les symptômes. Sa tante faisait preuve là d'une confiance mal fondée, et Jeffrey devinait qu'en fait elle pouvait tout juste s'offrir cette dépense. Mais comment résister à un si bel engin ?

Alors, se relevant, il se dirigea vers sa tante, et l'enserra dans ses bras (un geste qu'il n'avait pas fait depuis la mort de sa mère), tout en murmurant, éperdu :

– Merci, oh merci, merci...

Chapitre 9

Tante Betty avait dit vrai : le printemps était dans l'air. Tout en pédalant vers le collège, Jeffrey remarquait au passage ces étranges bourgeonnements aux rameaux des arbres, semblables à des perles vertes enfilées sur un collier. Et là où s'étalaient encore, quelques semaines plus tôt, de larges plaques de neige, des brins d'herbe verte à présent jaillissaient des gazons brunis. Il y avait maintenant plus d'un mois que Jeffrey vivait dans cette petite ville des Etats-Unis. Il avait un vélo et, à défaut d'amis, du moins des camarades qui commençaient à s'apercevoir de son existence. De plus, il habitait une grande demeure qui avait vu naître, à l'étage, sa tante et son propre père, et où de vieilles gens, ses aïeuls, le regardaient depuis leurs cadres accrochés au mur, par-dessus le fossé du temps. En selle sur sa bicyclette neuve, Jeffrey se disait que, ma foi, il pouvait peut-être déjà se dire chez lui dans cette bourgade d'Amérique, et que ses habitants étaient devenus ses amis.

Mais un simple détail, ce jour-là, remit de nouveau tout en question, et vint menacer son bel équilibre tout neuf.

Dans un couloir du collège, après le repas de midi, il vit deux filles s'immobiliser à son niveau, dans le flot de la circulation, et se mettre à hocher la tête souplement, en cadence, à la manière des Indiens du Sud. Et l'une des filles entonna à voix haute : « Om tut suhviter vah reee yen yim... » La seconde récita le vers suivant, et toutes deux reprirent en chœur le troisième. D'autres élèves, au passage, faisaient halte pour glapir sur leur compte, mais elles n'en avaient cure et poursuivaient leur étrange manège.

A deux autres reprises, cet après-midi-là, Jeffrey surprit des filles en train de réciter le Gayatri Mantra, en hochant la tête comme des Indiens du Sud. L'idée lui vint que lui-même, sans doute, devait hocher la tête de la sorte chaque fois qu'il disait « oui » – cette sorte d'habitude avec laquelle on a toujours vécu demeure parfaitement inconsciente... Par conséquent, ces demoiselles étaient en train de l'imiter. Ou plus exactement de se payer sa tête.

Lucy n'avait appris le mantra que pour s'amuser, et pour amuser ses amis.

Le lendemain, le Gayatri était repris dans les couloirs par les garçons comme par les filles. Parfois, les récitants jetaient sur Jeffrey un coup

185

d'œil amusé, mais le plus souvent ils l'ignoraient purement et simplement. Peut-être certains ne savaient-ils même pas d'où Lucy le tenait? Chaque fois que Jeffrey entrait en classe et qu'il rencontrait son regard, elle détournait les yeux. Pourquoi avait-elle fait cela? Mais bien sûr aussi, pourquoi pas? Il était bizarre, et il avait des manières bizarres. Si Lucy était venue vivre au village, avec son accent américain nasillard, ses blue-jeans, sa frange – et son appareil dentaire! –, elle lui aurait paru bizarre, elle aussi, et peut-être même ridicule. Jeffrey se dit philosophiquement que si son père avait été là, il lui aurait dit d'ignorer l'incident, et c'est ce qu'il allait s'efforcer de faire. Après tout, que représentait ce mantra pour lui, désormais? Peut-être ne croyait-il plus aux mantras, peut-être avait-il perdu toute foi en ces dieux qui n'avaient pas su lui porter secours, quand il en avait tant besoin? Quelque chose d'inoubliable s'était passé là-bas, sur les eaux de la Cauvery – quelque chose de trop fort pour être examiné déjà, quelque chose qui s'était enfoui au fin fond de sa conscience, comme une lumière derrière une porte ne livre d'elle-même qu'un filet – mais peut-être que cette expérience éblouissante n'avait rien à voir avec les mantras, les rites, les prières aux dieux. Et pourtant, sans doute, là-bas, au village, il aurait estimé que se moquer des mantras était un péché des plus graves. Ici, il n'en était plus si sûr. Ici, il n'y avait pas de vaches déambulant dans des rues écrasées de soleil, pas de boutiques à thé, pas d'Irulas cheminant par les routes, chargés de paniers de roseau tout grouillants de cobras. Il n'y avait pas de temples à Shiva, Hanuman ou Krishna. Il y avait bien des églises et des temples chrétiens, mais Jeffrey n'y avait pas encore mis les pieds. Sa tante, un dimanche, lui avait bien timidement proposé de l'accompagner à l'église, mais il ne s'était pas senti prêt à affronter cette inconnue supplémentaire, et il avait demandé grâce.

Et voici qu'à présent, dans les couloirs de ce collège qui lui était encore étranger, des dizaines de bouches autour de lui récitaient, en écorchant les mots, le mantra sacré de Gayatri. Au moins, il y avait toujours ce réconfort : aucun de ces pseudo-dévots ne récitait correctement le mantra. Or, selon la tradition hindoue, toute erreur de prononciation annule purement et simplement le mantra. Si bien qu'ils ne récitaient, tous, qu'une suite de mots dépourvue de sens. De plus, s'ils espéraient le blesser ou le faire sortir de ses gonds, c'était raté, et ils allaient être déçus, car il ne réagirait pas. Après tout, ce qu'ils marmonnaient là, c'était un sanskrit méconnaissable; et leurs hochements de tête n'avaient rien du mouvement fluide caractéristique de l'Indien du Sud!

Une fois seulement, au cours de cette journée, il fut fait directement allusion devant lui à ce fameux mantra. C'est un garçon de la classe au-dessous qui l'aborda carrément et lui demanda :

– Dis donc, c'est bien toi le type qui vient de l'Inde, non ? Tu pourrais me dire ce qu'ils font, là, tous, au juste, à déblatérer je-ne-sais-quoi ? Paraît qu'ils récitent des formules magiques venues de l'Inde.

– Ils récitent un mantra. Voilà.

L'autre fit une grimace.

– Sans blague ! Et qu'est-ce que ça veut dire, leur truc ?

– Ça devrait vouloir dire, expliqua Jeffrey, l'air grave : « Pensons tous à la lumière ardente de Ceux qui Brillent, afin que l'invisible Source divine illumine nos esprits. »

– Hein ?

– Oui, ça devrait vouloir dire ça, mais ils écorchent tellement ce malheureux sanskrit que ça ne veut rien dire du tout.

L'autre en était à moitié bouche bée.

– Ouais ? Ah bon. Mais... pourquoi font-ils ça ?

– Pourquoi ? Pour attirer l'attention de types comme toi et moi.

Le jeune garçon parut réfléchir intensément, le regard dans le vide, puis il leva vers Jeffrey des yeux rieurs.

– Tu as raison : ça doit être ça.

Tout au long de l'après-midi, le Gayatri Mantra, de plus en plus déformé, résonna dans les couloirs. Certains jetaient un coup d'œil curieux sur Jeffrey, qui se contentait de répondre d'un sourire entendu; ils détournaient le regard.

Et puis, à l'heure de la sortie, comme Jeffrey se dirigeait vers le hangar à vélos, il se retrouva nez à nez avec Lucy, qui sortait à la main sa propre bicyclette. Elle pouvait difficilement l'éviter; elle s'efforça de regarder ailleurs, cherchant une échappatoire.

Jeffrey s'arrêta en travers de son chemin.

Elle posa sur lui son regard sombre et brillant, et ils se regardèrent droit dans les yeux. Lucy eut un soupir.

– Ecoute, dit-elle, je ne voulais pas faire de mal, je t'assure. Il y avait des filles qui voulaient l'apprendre, pour s'amuser, et je le leur ai appris, c'est tout.

– Tu l'avais retenu vite, peut-être, mais la prononciation ne vaut rien. Veux-tu que je te le réapprenne?

Le regard de Lucy, juste au niveau du sien, l'étudiait attentivement.

– Ecoute, répéta-t-elle, c'était seulement pour nous amuser. Ce n'est tout de même pas le Notre Père.

– Pour les Hindous, c'est une prière sainte.

– Et tu l'es, toi, hindou?

Mais c'était là une question à laquelle Jeffrey ne pouvait plus répondre. Avant la mort de son père, il aurait répondu, sans hésiter : « Bien sûr

que je suis hindou. » Mais à présent il ne savait
plus.

Il n'eut cependant pas besoin de répondre; elle
ajoutait une autre question :

– J'aimerais bien savoir ce que tu es allé dire à
Tom Carrington ?

– Comment ça ?

– Oh, tu as bien dû lui dire quelque chose, parce
qu'il est furax après nous.

– Je ne comprends pas.

– Il dit que ce mantra est sûrement quelque
chose comme le Notre Père, pour les Indiens.

– Tom Carrington ? Il a dit ça ?

Jeffrey avait peine à imaginer ce grand diable
laconique en train de prendre sa défense.

– S'il l'a dit ? Un peu, oui! laissa échapper Lucy.
Bon, et alors : tu l'es ou pas ?

– Quoi ?

– Hindou.

– Je ne sais pas trop, avoua-t-il franchement.

Elle fronça les sourcils, incrédule.

– Ce qui veut dire, au moins, que tu n'es pas
chrétien, déduisit-elle.

– Exact; ça, je ne le suis pas.

– Tu es furax après nous ?

Ce mot de « furax » était nouveau pour Jeffrey,
mais le contexte lui permettait de fort bien le
comprendre.

– Non, je ne suis pas furax, dit-il. Etonné, simplement.

– De quoi?

– De ce que l'on puisse trouver drôle de se moquer d'une prière.

Les lèvres de Lucy se mirent à trembler un peu.

– Oh, n'en fais pas tout un plat.

– Je n'en ai pas l'intention.

– J'aime mieux ça! conclut-elle, et elle le contourna avec sa bicyclette. Je t'assure que ça n'allait pas bien loin.

« Ça ne risquait pas, se dit Jeffrey, vu la façon dont vous prononciez ce pauvre mantra... »

Le soir même, il écrivit à Rama. Il lui décrivit le vol transatlantique, ce que c'était que le froid, à quoi ressemblait la grande bâtisse (aussi grande que la tienne, Rama!), combien sa tante était gentille, et grands comme des perches ses camarades de classe. Il conclut sa missive en ces termes :

« Tu me manques, les baignades au lac et les parties de cricket me manquent – au fait, es-tu toujours aussi bon, au cricket? As-tu trouvé avec qui chasser la vipère? Moi, je ne risque pas de trouver quelqu'un, ici, pour faire la chasse aux serpents. Mais je ne suis tout de même pas si seul que ça. Il y a ma tante et la maison, et bientôt je connaîtrai davantage de copains, au collège. Ce qui

n'empêche pas que tu me manques. Salue de ma part Subramanian, Kuppuswamy et Vasu. Et puis écris-moi. Ecris-moi toujours.

Ton copain,
Ganesh. »

En moins d'une semaine, le Gayatri Mantra avait disparu des couloirs. Scie éphémère, il fut oublié aussi vite qu'appris. Et petit à petit les élèves commencèrent à entrer en contact avec ce drôle de nouveau qui venait de l'Inde. On lui empruntait un crayon, on lui demandait l'heure (à lui qui n'avait pas de montre), on lui posait deux ou trois questions à propos du collège. S'y plaisait-il? Avait-il l'impression d'y travailler plus ou moins dur qu'à son collège d'avant? Les horaires étaient-ils les mêmes? Oui, il s'y plaisait; le travail, pour lui, était plus dur ici que là-bas; les horaires étaient moins chargés ici, et les heures plus courtes. Les questions posées l'étaient sur le mode de la politesse, mais elles ne semblaient pas correspondre à une curiosité profonde, et Jeffrey mettait, à y répondre, plus d'ardeur que ses interlocuteurs n'en avaient mis à l'interroger. Pourtant il comprenait que c'était uniquement par ce lent processus qu'il aurait quelque chance de s'intégrer à la vie du collège. « Patienter et espérer », comme l'aurait dit son grand-père.

Pourtant, Jeffrey grillait du désir de combler le fossé entre ces deux univers différents : celui qu'il n'avait pas encore entièrement quitté, et celui dans lequel il n'était pas encore vraiment entré. L'idée lui était venue, par une tiède journée de printemps, alors qu'il regardait certains de ses camarades courir à petites foulées le long de la piste cendrée du stade, que peut-être reprendre le yoga ne serait pas une mauvaise chose – le yoga, qu'il avait appris en Inde, mais qu'il pouvait parfaitement pratiquer ici, en Amérique. Du jour où son père était mort, Jeffrey avait abandonné le yoga, comme il avait abandonné tout le reste, les dieux hindous, la vie du village, ses projets d'avenir. Mais ce soir-là, regardant ses camarades s'entraîner à la course, il ressentit soudain le désir de s'adonner à un exercice qu'il aimait, de refaire connaissance avec quelque chose qui avait naguère tant compté pour lui.

En pénétrant dans le gymnase, il constata que la grande salle était vide, ou presque : il n'y avait là que Tom Carrington, qui s'exerçait à mettre des balles au panier. Durant quelques instants, dans l'embrasure de la porte, Jeffrey le regarda faire. Tom Carrington, d'une détente, s'élançait en l'air et, de sa grande main, le poignet savamment recourbé (« en capuchon de cobra », se dit Jeffrey), il amenait la balle au-dessus du panier puis vous l'y enfilait aussi sûrement qu'un menuisier engage une cheville dans le bois. Son geste était si bien mesuré qu'à le voir Jeffrey en éprouvait une sorte de plaisir physique, une véritable joie au cœur. Il suivait des yeux la grande silhouette qui s'élançait, à pas souples et rythmés, sur le plancher de la salle, et faisait rebondir la balle à son côté en l'effleurant à peine, d'un geste incroyablement délicat pour une main aussi grande. Brusquement, la longue silhouette s'étirait et quittait le sol à pieds joints, dans un mouvement si souple qu'elle semblait flotter dans l'espace, et le bras en l'air, poignet recourbé, projetait la balle dans l'anneau du panier. La balle passait, docile. A peine faisait-elle trembloter au passage le filet du panier.

Ce spectacle agréable à voir conforta encore Jeffrey dans son intention de reprendre le yoga. Il alla se changer au vestiaire, puis se glissa dans la salle de lutte, recouverte de nattes pour les exercices au sol. L'un de ses murs était équipé d'un miroir, et Jeffrey, un bref instant, observa son image : petit, mince, blond, criblé de taches de rousseur. Le souvenir lui revint que parfois, au village, quand il rentrait à la maison, il lui arrivait de dévoiler le miroir (les miroirs étaient voilés – c'était la coutume); il examinait alors sa peau pâle, ses yeux bleus que la lumière faisait cligner, et ses cheveux couleur de paille. Aucun de ses camarades, à l'école de la Mission, n'avait son air fripé, malmené par la chaleur, mal à l'aise. Ils étaient faits pour le soleil, eux. Comme il leur enviait, alors, leur peau d'un brun luisant !

Il s'assit sur la natte et joignit les paumes de ses mains en geste de respect, comme pour honorer un maître de yoga invisible. Puis, sans fléchir, il se lança dans les différents asanas, passant d'une posture à l'autre, vérifiant qu'il pouvait toujours plier ses muscles à ces exercices qu'il avait appris naguère, non sans peine, au fil du temps. Bientôt, ses sens s'aiguisèrent : rien n'était encore oublié. Ici, dans ce gymnase américain, son corps et son esprit reprenaient possession du passé. D'asana en asana – debout, assis, étendu – il comprenait, avec une joie profonde, que se plier aux us d'un pays différent n'implique pas nécessairement que l'on perde l'acquis d'une discipline bien apprise auparavant. Il s'exerça ainsi longuement, puis il alla prendre une douche, se rhabilla, et enfourcha sa bicyclette dans le soir tombant, sifflotant un petit air qui venait de là-bas, lui aussi.

Chapitre 10

– 'Ttends-moi!

Jeffrey se retourna et reconnut, sous un lampadaire, la haute silhouette de Carrington qui pédalait à toute vitesse dans sa direction.

– Attends-moi!

Il rattrapa enfin Jeffrey – il était hors d'haleine.

– Je t'ai vu sortir juste au moment où j'allais prendre ma douche. Je me suis dit qu'on pouvait faire la route ensemble. C'est dans la même direction.

– Je sais. Je suis venu chez toi, une fois.

– Ah ouais, c'est vrai, reconnut Tom, embarrassé. Tu n'as pas dû t'amuser tellement, ce jour-là.

– Oh si, protesta Jeffrey.

Mais il ne trouva rien d'autre à dire et ils pédalèrent un moment en silence.

– En ce moment, je travaille mes paniers, dit soudain Tom. Pour la saison prochaine, je crois que je devrais être à peu près au point.

Jeffrey acquiesça du menton, sans trop comprendre ce qu'étaient les « paniers » en question.

– Ce que j'espère bien, enchaîna Tom sur le ton décidé de quelqu'un qui poursuit une conversation interrompue, c'est atteindre le mètre quatre-vingt-dix-sept ou dix-huit, pour pouvoir jouer avant. Avant, c'est ce qui me convient le mieux. Si je plafonne au-dessous du mètre quatre-vingt-quinze, il faudra que je joue arrière, et je ne suis pas assez rapide. Si je dépasse le mètre quatre-vingt-dix-huit, je finirai au centre, et c'est là que j'aurai l'occasion de mettre des paniers!

Il marqua une pause – deux ou trois tours de pédalier – puis conclut :

– Autrement dit, j'ai encore à prendre douze ou treize centimètres.

Jamais Jeffrey n'eût imaginé Tom Carrington capable de parler tant.

– Je compte bien me retrouver avant dans le All State, en junior. C'est pas des rodomontades, je ne crois pas, mais de l'assurance, simplement. Papa dit que, sans assurance, on n'arrive jamais à rien. C'est comme toi, par exemple. Tu en as, de l'assurance.

– Moi?

– Oui, toi. J'ai jeté un petit coup d'œil dans la salle de lutte, pendant que tu t'exerçais au yoga. C'est bien du yoga, n'est-ce pas? J'ai vu ça à la télé, quelquefois.

197

Jeffrey acquiesça. Oui, c'était bien du yoga.

– Mais à la télé, ça ne m'avait jamais paru aussi bien que là. Je crois que tu faisais ça mieux. Ou différemment.

Ils parcoururent en silence la longueur d'un pâté de maisons, le temps pour Tom de trouver très exactement en quels termes formuler sa pensée.

– Si tu veux, à te regarder, ça avait l'air facile. Comme si tu n'avais même pas besoin d'y penser. Tu le faisais, c'est tout – comme si ça faisait partie de toi-même, un peu...

– Mais c'est ça, le yoga – ou du moins ça devrait être ça. Merci, ajouta Jeffrey.

– Seulement, je parie que ce n'est pas si facile que ça.

– Non, absolument pas... C'est pour apaiser l'esprit.

Tom inclina la tête, déconcerté.

– Ah ouais? Alors là! Tu m'expliqueras comment on peut se sentir apaisé dans ce genre de postures, entortillé comme un bretzel!

Jeffrey ne répondit pas. Ils roulèrent un moment en silence.

– Voilà, c'est ici que je tourne, dit Tom en ralentissant pour faire halte. On se retrouve demain au hangar à vélos, si tu veux? Je compte m'entraîner encore et si tu t'exerces aussi... On pourrait faire la route ensemble. Disons six heures – ça te va?

Jeffrey ne sut qu'opiner du menton, trop surpris et trop enchanté pour trouver quelque chose à dire. Et chacun poursuivit son chemin sur le petit bout de route qu'il lui restait à faire.

Chapitre 11

Et c'est ainsi que tout commença. Tous les soirs ils se retrouvaient, soit au gymnase, soit au hangar à vélos, et ils faisaient ensemble le chemin du retour. Durant cette demi-heure de trajet, ils discutaient de quantités de choses – ou plus exactement Tom parlait beaucoup. Jeffrey s'était trompé sur son compte : Tom était un garçon ouvert et chaleureux. Il était franc et honnête, aussi. Il reconnut, sans aucun embarras, que bon nombre des élèves – y compris lui-même – avaient été en fait intimidés par Jeffrey. Et que d'autres l'avaient appelé « la petite nature », parce qu'il avait toujours l'air transi et prêt à paniquer.

– Mais en réalité, pour ce qui est de paniquer, il t'en aurait fallu davantage, fit observer Tom, sur le ton du constat. D'ailleurs on a cessé de t'appeler « petite nature » à partir de ce jour, à la piscine, où tu as battu tous les records, à rester sous l'eau si longtemps.

– Je crois qu'en fait je n'en menais pas large, avoua Jeffrey.

– Il faut reconnaître que tu n'ouvrais pas beaucoup la bouche.

– Que veux-tu, je ne savais pas trop que dire.

– Et aussi, quand un professeur t'interrogeait, tu te levais comme un diable sort de sa boîte.

– C'est ce qu'on m'avait appris à faire.

– Et à retenir ton souffle comme ça, on te l'avait appris, aussi ?

– Oui, je pourrais te montrer comment, si tu veux.

– Alors ça, j'aimerais bien !

Il semblait désormais évident à Jeffrey que tout le monde, en l'occurrence, avait fait preuve d'une timidité ridicule, y compris lui-même. Tom lui confessa un soir :

– Le jour où je t'avais invité, je me suis retrouvé tout bête, je ne savais pas de quoi parler. Qu'est-ce que je sais de l'Inde, moi ? Que c'est un grand pays. Que les gens y sont pauvres. Qu'il y a plein de serpents. Au fait est-ce vrai, qu'il y a là-bas des cobras à la pelle ?

Jeffrey expliqua qu'il y avait non seulement des quantités de cobras, mais encore des bongares annelés à foison, et davantage encore de vipères de Russel et de vipères dents-de-scie. Chaque question de Tom était une occasion de lui parler de l'Inde, si bien qu'au bout d'un certain temps Jeffrey devint aussi loquace que

201

son ami. Il lui raconta la mousson : comment, là où il habitait, il n'y avait de pluie qu'un mois par an et comment, s'il ne tombait pas suffisamment d'eau pour tenir durant les onze autres mois, c'était la sécheresse, la famine, la mort. Il lui raconta les baignades du petit matin, en compagnie des buffles. Au petit déjeuner, il prenait là-bas un café fort avec du lait chaud, et des galettes de riz accompagnées d'un *chutney* * de noix de coco. Il parla encore du repiquage du riz, des femmes en saris éclatants qui pataugeaient dans la rizière, pliées en deux, plantant les touffes, pendant que leur employeur surveillait l'opération depuis la rive, sous un parapluie noir. Lui, avec d'autres garçons, il jouait au cricket à la sortie du village; son copain Rama – encore plus petit que lui – manipulait la batte comme pas deux; il comptait bien jouer un jour dans l'équipe nationale indienne, contre le Pakistan. Il y avait beaucoup de maladies au village; les gens mouraient de la typhoïde, de la dysenterie, de la malaria. Il y avait aussi des lépreux avec tout juste des bourgeons de doigts, et des moignons à la place des pieds. Le soir, dans le ciel, on pouvait voir toutes les étoiles, par-dessus les palmiers, parce que seules deux ou trois maisons avaient un ou deux étages.

* Chutney : sorte de condiment fait d'un mélange de fruits et d'épices.

Tom écoutait et murmurait « ouais », « ouais »... Il se laissait imprégner, pensif, de ces images d'un autre univers.

Bientôt ils déambulèrent côte à côte dans les couloirs du collège. Devenu l'ami du joueur de basket, Jeffrey fut rapidement accepté par d'autres camarades, plus particulièrement par les sportifs de la classe. Plusieurs fois, même, Tom les invita à venir contempler en silence les exercices de yoga auxquels se livrait Jeffrey, dans la petite salle de lutte. Ils le regardèrent sans un mot passer d'une posture à l'autre avec l'air de se jouer, se lier, se délier, se couler dans une sorte de silence intérieur – et se contorsionner en « bretzels », ainsi que Tom persistait à nommer les asanas. Certains même tentèrent de s'y mettre – Phil Booker, athlète complet, y mit un acharnement tout particulier; mais aucun d'eux ne réussit à adopter la posture de la tortue (le Supta Kurmasana) ni celle du coq en pavane (l'Urdhva Kukkutasana), deux asanas qui exigent non seulement de la force, mais aussi une souplesse et un sens de l'équilibre hors du commun. Pour finir, et non sans pester contre sa défaite, Phil Booker déclara forfait. Un joueur de football, après avoir toisé Jeffrey d'un regard de connaisseur, en tira cette conclusion philosophique :

– Tu n'as peut-être pas l'air de faire le poids,

comme ça, à te voir; n'empêche que tu es un athlète, à ta manière.

– Pour faire ces trucs-là, dis-toi bien, il faut forcément être un athlète, fit observer Tom, sentencieux.

Jeffrey accepta l'interprétation, mais sans pour autant se voir sous les traits d'un athlète. Au village, les asanas n'étaient autre chose qu'un prélude à la méditation. Le gourou de Jeffrey aurait ricané sans indulgence à cette idée d'assimiler les yogis à des athlètes. Et il aurait refusé de continuer de donner des leçons à Jeffrey, s'il avait appris que son élève ne voyait là rien d'autre que des exercices physiques, plutôt qu'une préparation à des exercices spirituels.

Mais pour Jeffrey, ce qui comptait, c'était d'avoir été adopté par Tom et ses comparses. Par là-dessus, ses prouesses au yoga, chantées dans les couloirs, vinrent rehausser sa réputation auprès des filles – à l'exception de Lucy Smith, qui l'évitait systématiquement depuis leur entrevue du hangar à vélos et leur bref échange sur le Gayatri Mantra. De temps à autre, pourtant, il arrivait à Jeffrey d'avoir l'impression qu'un regard était posé sur lui, en classe; il se retournait vivement, mais ne captait que rarement le regard de Lucy, qui ne lui laissait d'ailleurs pas le temps de sourire.

Le semestre de printemps tirait à sa fin. Les journées se faisant plus longues, Tom et Jeffrey

204

en profitèrent pour aller faire des balades à vélo, le soir, dans la campagne – la campagne qui était devenue une sorte de grand damier vert, aux cases de blé en herbe et de jeune maïs, ponctuées çà et là du cylindre rouge des silos, scintillant sur fond de ciel bleu. Parfois encore ils pédalaient jusqu'à une falaise à-pic dominant le Mississippi. De là ils contemplaient, se déroulant à perte de vue, la grande plaine agricole américaine qui semblait se fondre avec le ciel, là-bas, vers l'horizon. C'était un paysage qui plaisait à Jeffrey. Il lui rappelait l'Inde et son immensité, et cette impression de puissance et de beauté sauvage dont elle vous écrasait.

– Tiens? Qu'est-ce que c'est que ça? demanda-t-il un jour en désignant, de l'autre côté du fleuve, non loin du pont, un grand rassemblement de pelleteuses, tracteurs et engins divers en stationnement.

– Ça? C'est la future route à six voies, l'informa Tom. Il lui reste à franchir le pont et à contourner la ville par là, et après ça elle filera, direct, sur la capitale d'Etat.

Pour Jeffrey, vue de là, elle ressemblait surtout à un long serpent plat, rayé d'une bande noire, rampant mollement à travers la plaine verdoyante.

– Vous avez des routes à grande circulation, comme ça, en Inde? voulut savoir Tom.

– Au village? Tu veux rire! pouffa Jeffrey. Il n'y a

205

que deux routes goudronnées, et encore, pas larges. Tout le reste, c'est des chemins de terre.

Un soir, au moment de tourner dans sa rue, Tom demanda tout à trac :

– Tu n'aurais pas un surnom, un diminutif ou quelque chose ? Jeffrey, ça fait un peu guindé, non ?

– Au village, on m'appelait Ganesh.

– Ganesh ? Qu'est-ce que c'est que ce nom-là ?

– C'est le nom d'un dieu à tête d'éléphant.

– Quoi ? gloussa Tom. Et tu laissais les gens t'appeler comme ça ?

Jeffrey hocha souplement la tête, à la façon d'un Indien du Sud.

– Ganesh, c'est Celui qui écarte les obstacles. Oui, j'aimais bien ce nom-là.

– Bon, si ça te plaisait comme ça, autant reprendre celui-là ici, non ? A partir de maintenant, pour moi, tu seras Ganesh.

Et Tom, prenant congé d'un signe de bras, disparut en pédalant dans la nuit tombante.

Après le dîner, ce soir-là, tandis que sa tante regardait la télévision, Ganesh écrivit une nouvelle lettre à Rama, dans laquelle il lui parlait de ce grand sportif dont il était devenu l'ami, de sa vie quotidienne au collège, de son beau vélo tout neuf. Il pensait en avoir terminé lorsqu'il se rendit compte qu'il n'avait pas posé une seule question sur le village ni sur ce que devenait Rama.

Aussi ajouta-t-il, après mûre réflexion :

« *Il ne faut surtout pas que je t'oublie, ni que j'oublie notre amitié. Je risque beaucoup plus que toi de l'oublier, tu comprends; parce que je vis dans un monde tout différent, alors que toi tu restes dans celui que nous avons partagé. Alors il faut que tu me racontes tout. Il faut que tu m'aides à garder mes souvenirs intacts. Je compte sur toi.*

Ton copain,
Ganesh. »

TROISIÈME PARTIE

Chapitre 1

Au cours de ces dernières semaines du semestre de printemps, Ganesh prit pied dans sa nouvelle vie plus fermement encore. Le jour où un professeur lui demanda de faire devant la classe un exposé sur l'Inde, il accepta – encouragé en cela par Tom Carrington, qui ne manqua pas de déclarer sans ambages que « quand on est capable de se contorsionner en bretzel, on doit pouvoir aussi parler devant une bande de copains. » Aussi Ganesh leur raconta-t-il, en termes un peu moins intimes peut-être, tout ce qu'il avait expliqué à Tom. Après quoi d'autres professeurs l'invitèrent à parler en public et, enhardi par sa première expérience, il accepta leur invitation. D'exposé en exposé, son attitude même évoluait. La première fois, il s'était tenu raide, les mains plaquées le long des cuisses, dans cette posture de piquet que l'on était censé adopter pour la récitation, à l'école de la Mission. La seconde fois, ses mains avaient commencé à se détendre, ses doigts s'étaient même un peu repliés, et le poids de son corps était passé sur une seule jambe. La troisième fois, il avait réussi à sourire, et pour finir à regarder son public en face, sans complexe. Il ne possédait pas encore l'accent américain, et encore moins les tournures de la langue, et ses camarades piquaient un fou rire chaque fois qu'il confondait les *v* et les *w*, mais il ne s'en formalisait pas. L'important, pour lui, c'était de s'entendre appeler « Ganesh » dans les couloirs.

La dernière semaine de classe approchait, et Ganesh avait une idée en tête : il voulait inviter certains de ses amis chez lui. L'ennui, c'est qu'il ne savait pas que faire d'eux, une fois qu'ils seraient dans la place. Il ne voyait que leur proposer. Il n'avait ni électrophone ni lecteur de cassettes, pas plus d'ailleurs que la moindre notion de musique pop américaine – sans parler de son incapacité à esquisser le moindre pas de danse sur les airs en question. Or il n'avait pas, comme Tom, de table de billard pour fournir une attraction toute trouvée. Là-bas, au village, quand on se réunissait entre copains, on se contentait d'une balade, ou de contempler le coucher du soleil, assis sous un arbre. Et cela suffisait. Mais Ganesh se rendait bien compte qu'ici ses camarades étaient plus exigeants. Il résolut par conséquent de commencer par un unique invité, son

copain Tom – pour les autres, on verrait ensuite.

Un soir qu'ils pédalaient ensemble, Ganesh
demanda, hésitant :

– Ça te dirait de venir chez moi demain, pour le
thé?

– Pour le quoi?

– Pour le thé – pour prendre le thé et quelques
biscuits.

Il y eut un silence, puis Tom se déclara d'accord. Lorsqu'ils se séparèrent, il ajouta, avec un
sourire en biais :

– C'est bien la première fois que je suis invité à
un *thé*.

Ganesh était à la fois radieux, émoustillé, et
plein d'appréhension, aussi. Il accabla sa tante
d'instructions détaillées pour le lendemain. Il
fallait qu'elle se procure des biscuits qui aient du
goût, du thé Darjeeling et quelques autres douceurs. Elle rit de tant de précisions. Il n'y avait en
ville qu'une seule épicerie fine, et si l'on n'y
trouvait pas de ce fameux thé Darjeeling, il n'y en
aurait nulle part ailleurs.

Ganesh ne se laissa pas démonter. A tout le
moins, le thé devait être fait avec *des feuilles en
vrac*. Le thé en sachets, à l'américaine, ne pouvait
en aucun cas convenir.

– Fort bien, Votre Altesse, dit sa tante en le
gratifiant d'une révérence.

Le lendemain, le soleil rougeoyait à l'ouest

lorsque les deux garçons freinèrent de concert devant le portail de la grande maison. La haute silhouette grise se dressait par-dessus la cime des arbres, auréolée d'un ciel orangé qui se fondait en rose.

Descendant de vélo, Tom jeta un coup d'œil à la girouette, là-haut.

– Je l'avais déjà remarquée, cette maison, dit-il. Quand j'étais petit, je croyais qu'elle était hantée. Je n'étais pas le seul, d'ailleurs.

– Pourquoi? s'étonna Ganesh.

– Elle est si vieille...

Ils entrèrent; tante Betty les attendait au salon. Ganesh remarqua aussitôt qu'elle n'était pas semblable à elle-même. D'ordinaire, elle l'accueillait avec chaleur, bavardait volontiers. Ce soir-là, bizarrement, elle paraissait éteinte et effacée; c'est à peine si elle adressa la parole à Tom. Elle avait les traits tirés, les yeux battus, immenses. Ce contraste avec son entrain habituel décontenança Ganesh, qui la suivit des yeux, perplexe, comme elle apportait le plateau du thé puis se retirait sans mot dire. Cette attitude étrange acheva de le démonter, lui qui n'en menait déjà pas large à l'idée de jouer les maîtres de maison.

Tom non plus n'avait pas l'air à l'aise. Il regardait fixement la théière. Lorsque Ganesh eut versé le thé dans deux petites tasses de porcelaine, le grand joueur de basket, gauche-

214

ment, en saisit une à deux mains. La tasse disparaissait presque dans ces battoirs de géant. Ganesh réalisa soudain que jamais de sa vie Tom n'avait, sans doute, pris en main tasse aussi fragile. Là-bas, au village, les enfants buvaient du thé au lait dans de simples verres à eau; c'était un privilège de classe que d'avoir l'occasion de boire dans de vraies tasses à thé. Du thé, par contre, au village, tous ses amis en buvaient, en avaient bu dès la petite enfance. Alors que Tom, visiblement, hésitait devant le sien... Il en aspira une toute petite gorgée, réprima une grimace, et reposa la tasse sur la table, en lieu sûr. Tante Betty, par bonheur, avait confectionné des sablés. Délivré de sa tasse de thé, Tom se mit en devoir d'en faire disparaître trois ou quatre d'affilée.

Peut-être le côté plutôt cérémonieux du thé rendait-il les deux garçons un peu gauches; toujours est-il que le silence s'installa, en même temps que le jour tombait.

– Mon arrière-grand-père, eut soudain l'idée de dire Ganesh, en désignant le portrait au-dessus de la cheminée.

– Pas l'air commode, commenta Tom.

– Oh, ce n'était pas une petite nature, expliqua fièrement Ganesh. C'est lui qui a construit cette maison, entièrement, de ses mains.

Tom émit un petit sifflement admiratif et poli.

Un autre silence suivit, et pour le surmonter
Ganesh, faute de savoir que proposer d'autre,
invita Tom à venir voir sa chambre.
– C'est tout de même une sacrée grande maison,
fit observer Tom en gravissant l'escalier. Et c'est
ton arrière-grand-père qui l'a construite? En
entier?
– Oui, entre deux plaidoiries.
– Plaidoiries?
– Il était avocat, expliqua Ganesh.
Une fois dans la chambre, Tom s'assit au
bureau, fort embarrassé de sa personne et ne
sachant que faire de ses abattis; ses longues
jambes ressortaient de là-dessous, comme incapables de trouver leur place.
Ganesh se sentit au bord de la panique. Peut-
être cette invitation avait-elle été une erreur?
Là-bas, au village, lorsque avec un copain on ne
savait plus trop que faire, il restait la ressource
d'organiser une course de cerceaux avec de vieux
pneus de vélo le long de quelque chemin, ou de
descendre à l'étang le plus proche pour voir qui
saurait capturer le plus gros crapaud-buffle (un
jour il en avait attrapé un qui devait dépasser les
cinquante centimètres de long). Mais ici, vraiment, il ne voyait plus que faire, avec cet ami
américain, assis dans cette chambre qui ne
contenait pas de chaîne stéréo, pas le moindre
jeu ni la moindre maquette en cours, rien qui pût

émoustiller un tant soit peu une imagination américaine.

Alors, fourrageant dans un tiroir de son bureau, Ganesh en extirpa une vieille photo en couleurs aux coins retournés – une photo de ses parents, prise des années auparavant, alors qu'il n'était pas encore né. C'était la seule photo qu'il eût d'eux.

Son père était vêtu d'un simple pagne noué aux hanches; son front s'ornait des trois marques de cendres indiquant son appartenance à la secte de Shiva. Sa mère, petite et frêle, était enveloppée d'un sari souple, et elle avait un point rouge au milieu du front.

Ganesh tendit à son ami, avec précaution, le cliché élimé.

– Mes parents.

Le front plissé, se mordant les lèvres, Tom étudia longuement la photo.

– Tes parents?

– Eh oui.

– Je croyais qu'ils étaient américains.

– Ils l'étaient. Nés dans ce pays. Ici même, pour mon père. Et ma mère, à Ann Harbour, dans le Michigan.

– Mais alors? (Tom tapotait doucement la photo, perplexe.) Ils sont vêtus en Indiens, non?

– Ils vivaient en Indiens. Maman disait toujours : « Sous notre peau blanche, si l'on gratte un peu, on trouve la peau noire de l'Inde. » Tu vois ces marques sur le front de mon père? Elles veulent dire qu'il s'était consacré à Shiva.

– A Shiva? Qui est Shiva?

Une fraction de seconde, Ganesh fut franchement choqué. Comment pouvait-on, même en Amérique, ne pas avoir entendu parler de Shiva?

– C'est un dieu hindou, expliqua-t-il.

Tom lui rendit la photo.

– Et toi? Tu y crois aussi, à Shiva?

– Je ne sais pas, dit simplement Ganesh. J'y ai cru, mais je ne sais plus.

– Ils sont morts, n'est-ce pas?

– Oui. C'est à cause de la mort de mon père que je suis venu ici.

– C'est bien ce qu'on nous avait dit... reprit Tom d'une voix gênée, chargée d'amitié pudique. (Il se frappa le genou.) Au fait, finalement... est-ce que tu commences à te faire un peu à nous?

– Euh, oui. Oui, oui. Merci. (Ganesh parcourait du regard toute la chambre – le vieux lit, le papier peint aux motifs surannés, la fenêtre donnant sur le jardin.) Tu vois, je commence même à avoir l'impression que je fais partie de cette maison.

Tom se mit à rire.

– Comment peut-on avoir l'impression que l'on fait partie d'une maison?

– C'est pourtant le cas pour moi.

Il y eut de nouveau un redoutable silence. Tom en profita pour placer ses deux mains trop grandes sur ses genoux osseux. Il regardait tout autour de lui sans s'arrêter à rien, cherchant visiblement ses mots pour la poursuite de la conversation. Pour finir, il demanda :

– Et l'Inde? Tu la regrettes?

– Bien sûr.

– Tu voudrais y retourner?

– Je ne sais pas, dit honnêtement Ganesh. Maintenant, j'appartiens aux deux mondes à la fois.

Tom jouait en sourdine un petit air de tam-tam sur le plat de ses genoux, de la paume de ses mains. Il essayait – Ganesh en était sûr – de cacher qu'il mourait d'ennui.

Aussi Ganesh, rassemblant son courage, demanda-t-il tout à trac :

– Tom. Je voudrais te demander de me rendre un service.

– Bien sûr. Demande toujours.

– Je voudrais que tu me dises comment faire pour que mes copains ne s'ennuient pas quand ils viennent chez moi.

Tom fit une grimace.

– Mais voyons, il n'y a rien de spécial à faire! T'en fais pas, ils se débrouilleront bien tout seuls.

– Oui mais, tu comprends, je ne sais pas danser, ni jouer à aucun de vos jeux, ni discuter de foot ou de basket – tu comprends?

Tom le fixa un moment, intensément, puis soupira :

– Ouais, je vois ce que tu veux dire. Mais ne t'en fais donc pas, tu verras que tu t'en tireras très bien. Les types t'aiment bien, c'est le principal.

– C'est vrai?

– Bien sûr que c'est vrai. Et les filles aussi t'aiment bien, imagine-toi. Ecoute, tu n'es pas le gars à histoires, et tu sais écouter les autres. Alors ne t'en fais donc pas. (Il s'était levé, et lissait nerveusement ses cheveux en arrière, de ses longs doigts.) Faut que je m'en aille.

En bas, devant la porte, il se retourna une dernière fois et répéta, avec un franc sourire :

– Ne t'en fais donc pas.

– Oui. C'est bien ce qu'aurait dit mon père.

Ganesh resta un instant sur le seuil et suivit des yeux son ami qui s'enfonçait dans la nuit tombante. Non, ce n'était pas toujours facile de suivre l'avis des autres. « Ne t'en fais donc pas. » Excellent conseil, mais ce n'était pas ce qui lui apprendrait à danser, ni à s'y connaître en matière de jeux américains, ni à prendre une part active à l'une des conversations de ses camarades.

Il rentra, referma la porte, et partit à la recherche de sa tante, qui n'était pas au rez-de-chaussée. Il se rendit à sa chambre et frappa. Il crut d'abord qu'elle n'était pas là, mais il perçut un bruissement. Rien ne prouvait cependant que sa tante allait ouvrir – mais elle finit par le faire, très lentement.

Elle avait les yeux rouges et gonflés. Elle le pria d'entrer; dans sa main crispée, elle tenait un mouchoir de papier.

– Alors, ton ami est parti? Il a l'air bien gentil, ma foi. Mais Seigneur, qu'il est donc grand! Et ces sablés, étaient-ils bons? Le thé était bien du Darjeeling, comme tu as pu le constater...

Tout en parlant, elle regagnait le lit et s'asseyait sur le bord, l'air harassée.

Ganesh restait debout près de la porte. Sous la lumière de l'applique murale, le visage de sa tante semblait plus vieux que d'ordinaire. Cet éclairage vertical creusait des niches sombres sous ses pommettes, accentuait fortement les rides du front, et soulignait le gris d'acier qui se mêlait à ses cheveux châtains. Tante Betty tamponna ses yeux avec son mouchoir de papier, le froissa, puis le défroissa à deux mains.

– Oui, dit-elle, comme si elle répondait à une question. C'est comme ça. Tant qu'on est deux, c'est très bien. Mais quand on se retrouve tout seul, on est en proie à tout ce qui peut vous tomber dessus... Tiens, assieds-toi donc, Jeffrey.

Il s'assit près de la fenêtre, par laquelle se glissait, en biais, la lumière froide d'un lampadaire. L'extrémité d'une branche d'érable venait frapper au carreau d'un mouvement spasmodique qui accentuait encore l'impression de tension extrême qui régnait sur la pièce. Tante Betty

221

continuait de parler, mais autant pour elle-
même, semblait-il, que pour son neveu.

– Je n'ai jamais dû te parler de ton oncle Henry,
je crois. Les gens disaient que ça ne se faisait pas,
pour une fille d'homme de loi, d'épouser un
mécanicien, mais moi je ne les ai pas écoutés. Et
j'ai eu bien raison! Nous avons passé ensemble
vingt-huit belles et bonnes années, et je n'ai pas
regretté un seul instant d'avoir épousé Henry
Strepski... Tu peux me passer cette boîte de
Kleenex, s'il te plaît? (Elle désignait la
commode.) Oh, je suis si bouleversée, mon garçon, si bouleversée – tu ne peux pas savoir. Où
en étais-je?

Ganesh lui tendit la boîte de mouchoirs.

– Tu parlais de l'oncle Henry.

– Ah oui, mon Henry. Nous n'avons pas eu
d'enfant. Rien à faire. Et les gens disent que ça
vous rapproche, dans un couple. Là, je ne peux
rien dire; tout ce que je sais, c'est que pour être
proches l'un de l'autre, nous l'étions, je t'assure!
Et Henry a su le leur prouver, qu'il n'était pas
n'importe qui! Il avait démarré comme mécanicien, mais ce jour où il était allé pour signer des
papiers, dans la capitale, pour l'acquisition d'un
nouveau garage – le jour où c'est arrivé –, dis-
toi bien que des garages, il en possédait déjà
trois! (Sa voix éteinte venait de monter d'un ton.)
Seulement, Henry, il était bien comme ton père,
Jeffrey: incapable de garder trois sous dans sa

222

poche. Si quelqu'un venait le voir pour lui emprunter de l'argent, aussitôt il répondait : « Mais bien sûr, ne vous en faites pas ! Combien vous faut-il ? » Il disait ça tout bas, pour que personne ne le sache, pour ne pas mettre ses emprunteurs dans l'embarras. Quand il est mort, imagine-toi, je n'avais aucune idée du nombre de gens qui lui devaient de l'argent – de l'argent qu'il leur avait prêté, comme ça, sans reçu, sans intérêts... Bien sûr, il y en a quelques-uns qui sont venus d'eux-mêmes me rembourser, mais pas tous, tu penses bien ! Jeffrey ?

– Oui, ma'ame.

Elle passait une main nerveuse dans ses cheveux frisottés.

– Il s'est tué sur la route, accidentellement, le jour où il allait signer les papiers pour ce nouveau garage. Cette vieille route est dangereuse comme tout. Des virages abominables. Un poids lourd est arrivé en sens inverse, qui roulait complètement à gauche.

Elle se tut. Ce silence était insoutenable.

– C'est trop bête, dit Ganesh à mi-voix. (Il avala sa salive.) Je comprends ce que tu ressens.

Tante Betty s'essuya les yeux.

– Oui, je le sais, que tu le comprends. (Elle l'étudiait attentivement.) Je le sais. Viens donc ici.

Ganesh s'approcha du lit. Elle lui prit la main et la pressa doucement.

223

– Il y a cinq ans de cela, vois-tu ? Et depuis, il me
manque, il m'a manqué chaque jour de ma vie.
Parfois, il me semble que je l'entends, en bas, qui
rentre du travail... (Elle eut un pauvre sourire et
laissa aller la main de Ganesh.) Complètement
idiot, n'est-ce pas ?

– Non, dit Ganesh.

Elle ne l'entendit pas, et poursuivit :

– Cinq ans. Et il est toujours présent dans mes
pensées. Quelquefois il me semble qu'il est là,
dans cette maison...

– Il y est, affirma Ganesh. Il est partout. Comme
mes parents.

Mais tante Betty, dans l'état second où elle se
trouvait, ne l'entendit pas davantage.

– A présent qu'il est mort, je suis devenue une
proie facile. Je l'avais toujours entendu dire, mais
à présent je sais que c'est vrai : dans notre
société, une veuve est sans défense.

– Je ne vois pas ce que tu veux dire, avoua
Ganesh.

Elle leva les yeux sur son neveu, debout devant
elle, près du lit.

– Eh bien, voilà. A présent que je suis seule pour
faire valoir mes droits, l'Etat a décidé de prendre
cette maison. Nous sommes expropriés, mon
garçon. Cette maison, nous allons la perdre.

Chapitre 2

La journée du lendemain, Ganesh la vécut en somnambule. C'était le jour des examens de passage du semestre, mais il devait n'en garder à peu près aucun souvenir. « Cette maison, nous allons la perdre. » Ces mots cognaient dans sa tête comme le sang vient battre à une blessure, et il avait du mal à les refouler pour se concentrer sur les questions d'histoire ou de sciences qu'il lui fallait pourtant traiter en priorité.

Ce soir-là, après la classe, il se rendit au gymnase, certain d'y trouver Tom, en train de s'entraîner à « mettre des paniers ». Ils n'avaient guère eu le temps d'échanger trois mots au cours de cette journée.

Tom était bien là; il courait à petites foulées dans la grande salle, dribblait par-ci, évitait par-là un adversaire imaginaire, puis se tendait soudain pour se lancer, mince et immense, dans une nerveuse montée au panier. Il entr'aperçut

225

Ganesh dans l'entrée et lui adressa un bref salut de la main, avant de viser et de tirer. La balle se faufila dans le panier, docile.

– Ouais, but! cria Tom. Mesdames et messieurs, Jerry West vient de marquer, avec un admirable tir en extension!

Après quoi il s'exerça à d'autres tirs; le tir façon Bill Walton, le tir à la Julius Erving – tous les grands basketteurs du moment y passaient, dès lors qu'il avait réussi son coup. En cas d'échec, il ne disait rien. Enfin, ruisselant de sueur, il cala la balle sous son bras et se dirigea vers Ganesh.

– Est-ce que tu te rends compte qu'on en a terminé avec les examens? s'écria-t-il, rayonnant. Ça a marché, pour toi?

– Je ne sais pas.

Tom se mit à rire.

– A t'entendre, on croirait que tu t'en fiches.

– Mais je m'en fiche.

– Hé là, doucement! Tu ne t'en fiches sûrement pas complètement. (Il étudiait attentivement son ami.) Dis! Y a quelque chose qui cloche?

Alors Ganesh lâcha la bonde : le gouvernement réquisitionnait le terrain et la grande maison – tout devait disparaître : la nouvelle route allait passer là. Il s'efforçait de retrouver les termes exacts employés par sa tante. Après deux ans d'expertises et de délibérations, la cour de justice s'était finalement prononcée en faveur de l'Etat.

Il n'y avait plus moyen de faire appel, plus rien ne pouvait entraver la procédure d'expropriation. Dans une semaine, l'Etat serait en droit de mettre à bas la grande bâtisse, et de faire passer sur son emplacement sa route à grande circulation.

Tom en lâcha son ballon de basket, qui s'échappa mollement sur le terrain et alla se caler contre un mur.

– Merde, alors! Tu parles d'une tuile! Et où allez-vous habiter?

– Là-bas.

– Où ça?

– Dans notre maison.

Tom se gratta la tête.

– Mais tu viens de me dire que l'Etat vous expropriait.

– Je n'ai pas l'intention de partir.

– Mais écoute, tu seras bien obligé.

– Je ne bougerai pas.

– Ah ouais? Et comment tu vas faire?

– Je ne sais pas encore. (Il pivotait pour s'en aller.) Je te dirai ça demain.

Tom mit ses poings sur ses hanches.

– Tu rigoles ou quoi?

Ganesh s'éloignait.

– Dis? C'est des blagues, non?

Ganesh lança par-dessus son épaule :

– Non, c'est pas des blagues. Tu verras!

227

Tom regardait s'éloigner la petite silhouette de son copain Ganesh. Et tout à coup, pris d'une inspiration subite, il lui lança :
– En tout cas, si tu as besoin d'un coup de main, dis-le !

Chapitre 3

Ce soir-là, après le dîner, Ganesh monta dans sa chambre pour aller fourrager dans le dernier tiroir du bas de sa commode; là, sous quelques chemises, il avait enfoui la statuette de bronze représentant le dieu Ganesh, le dieu dont il portait le nom. Pas une seule fois, depuis son arrivée, il ne l'avait encore sortie de sa cachette – pas une seule fois, pas même pour y jeter un coup d'œil. Parce que cette statue, pour lui, symbolisait trop de choses auxquelles il n'était plus certain de croire. A la vérité, il ne savait pas. Au village, maintes et maintes fois, il avait prié à la manière hindoue devant cette image du dieu à la tête d'éléphant. Il lui avait présenté des offrandes (de la pâte de bois de santal, des fleurs, de la noix de coco, des bananes), tout en récitant un mantra en son honneur. *Om Shri Maha Ganapataye Namah* : Salut à toi, le Grand Ganapati. Avant la maladie, puis la mort de son père, il avait retiré certaines satisfactions de ces rites et

229

de ces prières, parce qu'il lui semblait se rapprocher ainsi de quelque chose qui le dépassait, d'une puissance invisible et forte – il lui semblait qu'il établissait ainsi, entre cette puissance et lui, une sorte de lien mystérieux. Mais depuis, trahi par les dieux, il ne s'était plus jamais livré à ce rituel du « puja », de l'offrande accompagnée de prière. Il leur avait demandé avec tant de ferveur : « S'il vous plaît, sauvez mon père ! » Mais ils avaient fait la sourde oreille, ou s'étaient dissipés dans le néant. Serait-il jamais capable de refaire des offrandes aux dieux ?

Il plaça la statuette sur son bureau. Au village, il aurait pris soin d'éparpiller quelques fleurs de mimosa aux pieds du petit dieu ventru. Il se contentait à présent de promener son regard sur les quatre bras, la grosse bedaine, la trompe et les oreilles d'éléphant, les petits yeux, la haute couronne délicatement ornée, posée sur la tête énorme... Et maintenant, qu'allait-il faire ? Il n'allait pas supplier le dieu de lui venir en aide, c'était la seule chose certaine. Pourtant, la seule vue de cette statuette faisait renaître en lui des souvenirs tenaces : la pénombre qui régnait au cœur des temples hindous, la danse des flammes, les senteurs de la fumée de camphre ; il lui semblait retrouver le parfum pénétrant du bois de santal.

Soudain, il ferma les yeux. Il joignit les mains comme s'il priait le grand Ganapati. Il ne priait pas réellement, il ne demandait rien; et pourtant, dans cette attitude, les yeux clos et les mains jointes, comme en une offrande muette, il sentit descendre en lui une impression de calme et de paix. Il resta longtemps dans cette attitude, puis il rouvrit les yeux et se sentit plus fort... Il s'interrogea, lucide. Se sentait-il réellement plus fort? Oui, indiscutablement. Etait-ce grâce au petit Ganesh de bronze? Difficile à dire. Mais une chose était sûre : il ne quitterait pas cette maison. Oui, il ferait exactement comme il l'avait dit; ni lui ni sa tante ne partiraient quand les autorités viendraient leur en intimer l'ordre. Ils s'assié-raient et ne bougeraient pas. Parce que c'était leur maison, ils étaient là chez eux, et rien, pas même un gouvernement, pas même celui des Etats-Unis d'Amérique, ne pourrait les en délo-ger.

Voilà ce qu'il dirait demain à Tom Carrington. « Je sais ce que je vais faire. Pratiquer la satya-graha. »

L'incarnation de Ganapati, le Ganesh à tête d'éléphant, resta sur un coin du bureau.

Chapitre 4

De bonne heure au collège, le lendemain matin, Ganesh attendit Tom au hangar à vélos. Sitôt que ce dernier eut calé sa monture, Ganesh lui annonça :

– J'ai décidé de pratiquer la satyagraha.

– Attends – ça veut dire quoi? lui demanda Tom, ébauchant un sourire.

– Ça veut dire que je vais m'asseoir sur le perron et que je n'en bougerai pas. Pas avant d'avoir fait comprendre aux autorités qu'elles font erreur.

Tom eut un haussement d'épaules résigné.

– Ecoute, mon pauvre vieux. Les flics t'enlèveront de là par la peau du cou, et ils feront venir leurs bulldozers tout pareil!

– Eh bien, je reviendrai, déclara Ganesh. Je me mettrai en travers de leur chemin tant qu'ils n'auront pas vu leur erreur et rectifié le tracé de leur route.

Tom eut une mimique incrédule.

– Tu ne parles pas sérieusement! Dis-moi que tu ne parles pas sérieusement!

– Mais si.

– Et qu'en pense ta tante?

– Je ne lui en ai pas encore parlé.

Tom leva ses grandes mains en battoirs, d'un air exaspéré.

– Comment espères-tu convaincre qui que ce soit, à rester assis sur un perron? Tu veux rire! Personne ne t'écoutera.

– Il le faudra bien, qu'ils m'écoutent! C'est le principe même de la satyagraha : se cramponner à la vérité. La vérité, en l'affaire, elle est de mon côté. Nous devons continuer à vivre dans la maison de mon arrière-grand-père. Pourquoi? Parce qu'il l'a construite pour nous de ses mains. Quand le gouvernement en sera conscient, la maison sera sauvée.

Tom secoua la tête, lentement.

– Que le diable m'emporte si tu parles sérieusement! Je ne peux pas m'empêcher de penser que tu cherches à me mettre en boîte. C'est ce que je voudrais croire; mais quelque chose me dit que ce n'est pas le cas.

Il se mirent en route vers l'entrée du collège, par laquelle s'engouffraient à présent leurs semblables, par petits détachements entiers. Tom émit un soupir résigné.

– Enfin... dit-il. Quoi qu'il en soit, tu peux comp-

233

ter sur moi. Je viendrai m'asseoir à côté de toi,
allons!

– Merci.

– Et puis après tout, pour faire bonne mesure,
on pourrait peut-être mettre d'autres copains
dans le coup? Quand penses-tu avoir besoin de
nous, au juste?

Ganesh expliqua que l'Etat devait officiellement prendre possession de la propriété le
mardi suivant.

– Parfait, on sera en vacances. Il y en a des tas
qui seront justement à la recherche de quelque
chose à faire – à moins bien sûr qu'ils n'aient
déniché un job pour l'été, mais les jobs ne
courent pas les rues, cette année. Si bien qu'il y
en a peut-être quelques-uns qui viendront. (Une
petite pointe d'enthousiasme venait de se glisser
dans l'élocution de Tom.) Au fond, ta sati-je-
ne-sais-quoi, c'est un peu comme un « sit-in »,
non? Tu sais, ils font ça, quelquefois, dans les
campus. Il n'y a pas très longtemps, j'ai entendu
parler de ça : des étudiants qui ont occupé le
bureau du doyen de leur université; ils ont
chanté des chansons, fumé un peu d'herbe... et ils
se sont retrouvés en prison. N'empêche, ils se
sont bien amusés. Seulement, c'étaient des étudiants, pas des lycéens; ils pouvaient faire ça,
eux.

– Non, ce n'est pas ce que je veux dire, rectifia
Ganesh.

234

Tom le regarda attentivement.

– Bon, alors je ne vois pas ce que tu veux dire au juste. Mais ça ne fait rien. On réunit les copains, et tu le leur expliques toi-même. Il n'y a qu'à leur demander de venir chez toi mardi. (Il sourit, plein d'humour.) Toi qui voulais les inviter, justement !

C'est ainsi que durant les deux derniers jours de classe, après le déjeuner, entre les cours, et à l'heure de la sortie, les deux garçons s'employèrent à recruter des volontaires. Certains leurs rirent au nez. D'autres se montrèrent indifférents. Mais une bonne douzaine de leurs camarades – attirés par l'idée de défier les pouvoirs publics au plus haut niveau – promirent de faire acte de présence, le mardi suivant, dans l'après-midi, sur le perron de la vieille demeure.

Le soir de la sortie, Ganesh se dirigeait vers le hangar à vélos lorsqu'il se trouva nez à nez avec Lucy Smith. C'était elle, cette fois, qui se tenait en travers de son chemin. Son joli minois avait quelque chose d'étonnamment solennel, elle avait les lèvres serrées, les yeux brillants, un sérieux de pape.

– J'ai entendu dire, pour ta maison... commença-t-elle. Je suis vraiment désolée pour toi.

– Merci.

– Tom et toi, vous avez demandé à des tas de copains et de copines de venir aider, mais vous ne me l'avez pas demandé à moi.

235

Ganesh ne sut que répondre; ce regard direct, ce visage presque trop beau et cette façon de parler sans détour le mettaient cruellement mal à l'aise.

– Tu m'en veux toujours, pour le Gayatri Mantra, l'accusa-t-elle.

– Non, mais nous ne sommes pas amis.

Tant de franchise désarçonna Lucy, mais pas pour longtemps. Inclinant la tête comme pour mieux le jauger, elle déclara avec un sourire :

– En l'occurrence, que nous soyons amis ou pas, ça n'a pas d'importance. Il est clair que tu as besoin d'aide – encore que personne ne sache au juste ce que tu as derrière la tête, dans cette affaire. Or il se trouve que je n'ai pas de job pour ces vacances, si bien que j'aurai du temps libre. Alors, mardi, j'irai chez toi.

Sur ce, le coutournant, elle poursuivit son chemin sans un mot.

Chapitre 5

Restait à convaincre tante Betty de la nécessité de se battre. Il la connaissait désormais assez pour admirer la profondeur de ses sentiments, mais pour faire beaucoup moins confiance à sa force de résolution. Ce soir-là, après dîner, comme ils étaient tous deux assis, en silence, au salon, Ganesh l'étudia longuement. Elle était anormalement muette et comme frappée d'apathie. Ganesh prit son courage à deux mains et commença de lui expliquer, d'une voix douce et pondérée, l'idée qu'il avait en tête pour sauver la maison. Elle l'écouta, rivée à son fauteuil, ses yeux s'arrondissant au fur et à mesure du discours de son neveu. Enfin, elle secoua tristement la tête :

– Mais tu sais bien que nous ne pouvons pas faire une chose pareille, mon pauvre garçon.

– Nous le ferons.

Elle eut un soupir d'infinie lassitude.

– J'ai exploré toutes les voies de la légalité. Aucune n'a abouti à rien.

Elle expliqua que l'enquête d'Etat avait abouti à une reconnaissance d'utilité publique. Plus rien ne pourrait modifier ce décret et empêcher l'expropriation, hormis un avis contraire en provenance du ministère de l'Equipement – autant dire, pratiquement, l'impossible. Toutes les actions en justice exercées en ce sens par les expropriés avaient été vaines. Toutes les propriétés (terres, habitations, commerces) qui se trouvaient sur le passage de la future route avaient été évacuées, et toutes les personnes ainsi expropriées avaient touché leur indemnisation.

– Il ne reste plus que nous, conclut-elle.

– Mais cette route ne pourrait-elle vraiment pas passer ailleurs?

– C'est la question qu'a posée mon avocat. Pourquoi ne pas empiéter plutôt sur le terrain du restaurant hamburger – tu sais, là, ce *drive-in**, deux lots plus loin, vers l'ouest?

– Voilà – par exemple. Ou quelque chose comme ça. Pourquoi pas?

– Pourquoi? Tout simplement parce que le drive-in appartient à une grosse chaîne de restaurants, avec de solides appuis politiques. Ce n'est pas qu'il fasse des affaires d'or, il s'en faut de beau-

---

* Drive-in : restaurant aménagé de telle sorte que les clients se restaurent sans quitter leur véhicule.

coup, mais la chaîne qui le possède tient fermement à conserver le terrain. Peut-être bien pour spéculer, pour en faire du terrain à bâtir, plus tard.

– Il faut convaincre le gouvernement de faire passer ce tronçon de route par le terrain du drive-in.

Tante Betty eut une grimace qu'elle transforma en sourire.

– Jeffrey. Comprends-tu au moins ce que je veux dire?

– Je comprends que le gouvernement ne se rend absolument pas compte de ce que représente cette maison, pour nous en particulier.

– Non, ce n'est pas du tout ce que je veux dire. Ce que je veux dire, premièrement, c'est qu'il est vain de se battre contre les puissances d'argent et les pouvoirs en place; et deuxièmement, qu'il ne faut pas non plus espérer défier la loi et s'en tirer de cette façon-là.

Ganesh se raidit, droit comme un I, dans son fauteuil. Rien ni personne ne parviendrait à le dissuader d'agir, et d'agir comme il l'entendait. Il s'opposerait à sa tante elle-même s'il le fallait.

– Un restaurant hamburger, ce n'est pas la même chose qu'une maison d'habitation, déclara-t-il simplement.

De son fauteuil, il n'avait qu'à lever les yeux pour rencontrer le regard volontaire du vieil

239

homme en costume sombre, dans son cadre, au-dessus de la cheminée.

— Lui qui a bâti cette maison, dit-il en désignant l'ancêtre d'un geste du menton, il souhaiterait sûrement la voir sauver.

Sa tante ne répondit pas tout de suite; elle était perdue dans ses pensées, petite, misérable, exténuée.

Ganesh ne bougeait pas. Il attendait une réponse.

Pour finir, elle donna une tape au bras de son fauteuil.

— Ah, Jeffrey, on retrouve bien chez toi le tempérament de ton arrière-grand-père, va! Volontaire, et têtu comme une mule. Ni ton père ni ton grand-père n'étaient aussi obstinés. Mais le revoilà tout craché!

Ganesh ne bougeait toujours pas. Il attendait encore, opiniâtre.

— Mardi, quand la police viendra ici, il faut que nous soyons prêts, répéta-t-il.

Sa tante soupira, puis frappa ses genoux du plat de ses deux mains. Sa décision était prise.

— Bien, tu as gagné, mon garçon. Nous serons prêts.

Chapitre 6

De la dernière marche du perron, où il était assis en silence, à côté de Tom Carrington, il les vit s'éparpiller dans le jardin, lever des regards empreints de curiosité vers le toit à pans coupés, vers la girouette que le vent de juin faisait pivoter, hésitante. Il les regarda s'engager, d'un pas de promeneurs, sur le ciment de l'allée, passer devant les troènes et les toutes dernières tulipes de ce massif dont tante Betty n'avait tiré, cette année, qu'une floraison plutôt chiche. Leurs regards s'attardaient sur les murs de la vieille bâtisse, dont les planches de recouvrement s'écaillaient par endroits, sur les volutes savamment travaillées des boiseries encadrant les fenêtres, sur les lourds rideaux que l'on devinait derrière les carreaux. Ganesh réalisait soudain tout ce que cette maison pouvait avoir de bizarre à leurs yeux, si ce n'est même de sinistre; comparée aux autres bâtiments de l'endroit, elle était manifestement « à part », tout comme lui-même

241

était « à part » au milieu de ses camarades. Comment auraient-ils pu deviner tout ce qu'elle représentait pour lui? Comment auraient-ils pu savoir qu'à l'intérieur ces rampes cirées, ces parquets qui craquaient doucement, ces rais de lumière oblique qui se glissaient sur les lambris, tout ces détails lui chuchotaient les secrets d'un passé enfui qui avait surgi, étonnamment vivant, dans son présent à lui? L'espace d'un instant, à voir ses camarades si sûrs d'eux, si neufs, si américains, il se sentit fléchir. Ils le saluèrent assez négligemment, se contentant pour certains d'un simple signe de la main, puis s'assirent dans l'herbe, en demi-cercle, au pied du perron, l'observant d'un regard inquisiteur, et attendant une déclaration.

– Vas-y! le pressa Tom tout bas, du coin de la bouche. Explique-toi!

Cet ordre impérieux, provenant d'un ami, eut l'effet sur Ganesh de donner libre cours à un torrent de paroles. Jamais encore il n'avait parlé aussi vite, avec une telle virulence. Il les informa que le lendemain la police viendrait ici prendre possession de la demeure, et cela faute d'avoir compris ce qu'elle représentait pour ses occupants. Lorsque les pouvoirs publics auraient compris tout ce que pouvait représenter cette demeure pour ceux qui l'habitaient, ils modifieraient le tracé de la route prévue. C'était aussi simple que cela. Naturellement, il fallait d'abord qu'ils prissent conscience de cette vérité, et cette mise en évidence de la vérité était précisément l'objet même de la satyagraha. Son père le lui avait expliqué. La satyagraha – l'un des modes d'action de la non-violence –, c'était d'abord une manière de prouver à votre opposant qu'il avait bel et bien tort, si tel était le cas. Pour pratiquer la satyagraha, il fallait d'abord avoir le contrôle d'une portion de territoire vital. Dans le cas présent, à l'évidence, c'était la maison. Là, vous vous asseyiez, refusant de quitter l'endroit, quoi qu'il arrive. Dans le cas présent, les autorités, vraisemblablement perplexes, essaieraient sans nul doute d'y voir un peu plus clair, et de démêler le pourquoi d'un pareil entêtement – un entêtement qui n'était pas sans risques. Pourquoi tenir si fort à la survie d'une demeure ancienne? Pourquoi s'asseoir sur son perron et refuser d'en bouger, au risque de s'attirer de graves ennuis? Peut-être alors les autorités réviseraient-elles leur décision de mettre à bas l'édifice – peut-être envisageraient-elles les choses différemment, faisant entrer en ligne de compte, par-delà les règlements et les calculs, la vie et les sentiments des personnes impliquées?

– Tu parles! Ils vont te chasser de là à coups de pieds au derrière, oui! lança quelqu'un, agacé.

Ganesh secoua la tête en signe de dénégation.

– Nous reviendrons. C'est notre entêtement qui les ébranlera.

– Ouais, en quelque sorte, c'est tout bêtement un sit-in! avança un autre.

Mais Ganesh, de nouveau, secouait la tête.

– Il ne suffira sans doute pas de rester assis comme ça. On verra.

– Comment ça? Qu'est-ce qu'on verra?

– Tout dépendra de la partie adverse.

– Et si nos parents viennent nous chercher de force?

– Revenez plus tard.

– Ah ouais? Plus facile à dire qu'à faire.

– Et la nuit? On reste aussi la nuit?

– Toutes les nuits.

– Jusqu'à quand?

– Jusqu'à ce que le gouvernement nous dise que la maison doit rester debout.

– Faut pas compter là-dessus, marmotta une fille.

– Peuvent-ils seulement changer d'avis, au point où ils en sont? voulut savoir Lucy Smith. Au point où en sont les travaux, la route ne doit-elle pas forcément passer par ici?

– Non. On pourrait encore la dévier par l'est, expliqua Ganesh.

Lucy s'entêtait.

– Comment le sais-tu?

– Parce que tout ce tronçon, depuis le fleuve, n'est encore que dans les cartons, non?

Un de leurs camarades s'était levé et brossait le fond de son pantalon.

— Moi, je ne veux rien avoir à faire avec ce truc-là! décida-t-il.

Et il s'en alla tranquillement.

— Je voudrais poser une question, lança un autre. Quelle raison allons-nous fournir à nos parents, pour justifier le fait de braver la loi?

Il se fit un profond silence. La brise de juin bruissait doucement, désœuvrée, comme une pensée vagabonde. Chacun, y compris Ganesh, savait bien que le fond du problème était là.

Tom Carrington alors se redressa et, sans laisser à Ganesh le temps de répondre, il déclara d'une voix claire :

— Dites à vos parents que vous devez apporter votre aide à un ami qui en a besoin, parce qu'il est victime d'une injustice. Dites-le-leur, et ne faites pas machine arrière.

Un nouveau long silence vint saluer cette déclaration, puis une voix s'éleva :

— D'accord, mais l'aider *à quoi faire*? A s'accrocher à une vieille baraque comme celle-ci?

— Elle compte énormément, pour lui! riposta Tom. Rien au monde, peut-être, ne compte autant pour lui, ajouta-t-il (tout en réalisant qu'au fond il n'exagérait même pas).

— Ah bon? Et pourquoi?

Cette fois, ce fut Ganesh qui répondit, et sans chercher ses mots :

245

– Parce que j'y suis chez moi. Parce que c'est la première fois que je suis réellement chez moi quelque part. (Il marqua une pause.) Et parce que aussi c'est tout ce qui reste à ma tante.
– D'autres questions? demanda Tom à la cantonade, en se remettant sur pied. Si c'est tout, alors nous comptons sur vous, demain matin, aux aurores.

Leurs camarades se levèrent en silence et quittèrent le jardin, les uns en solitaires, les autres par petits groupes.
– A ton avis? Ils reviendront, demain? demanda Ganesh à Tom lorsqu'ils eurent disparu.

Tom haussa les épaules.
– Va savoir.

Chapitre 7

Mais le lendemain matin, ils revinrent bel et bien – du moins en revint-il dix, sur les quatorze de la veille. Ils surgirent en silence, munis de sacs de couchage, gravirent l'allée en un groupe serré, et s'en furent déposer leur matériel dans les chambres de l'étage que leur avait assignées tante Betty. Elle paraissait submergée à l'idée de leur présence, et ne cessait de murmurer : « Mais ils sont là ; ils sont bel et bien là. » Tout au long de la matinée, on la vit apparaître avec des plateaux de chips, de petits gateaux et de coca-cola, tandis que les « satyagrahis », comme Ganesh les appelait, se prélassaient un peu partout, sur le perron, sur la pelouse, jouant aux cartes ou aux échecs...

Lucy Smith avait déposé un jeu d'échecs aux pieds de Ganesh.

– Tu joues ? avait-elle demandé.

Sur un signe affirmatif de sa part, elle s'était assise par terre et avait sorti les pions d'une

247

boîte. Elle avait remporté la première partie, puis la deuxième, et ils en entamaient une troisième lorsque quelqu'un lança :

– 'Ttention! Les ennuis ne vont pas tarder.

Une voiture de police était en train de se ranger devant la clôture blanche écaillée.

– Va prévenir ma tante, s'il te plaît, pria Ganesh.

Lucy acquiesça et pénétra dans la maison, tandis que d'autres satyagrahis, quittant la pelouse, venaient le rejoindre sur le perron.

Ganesh se tenait en avant du petit groupe, seul, assis sur la dernière marche.

– C'est Halstead, le chef de police... murmura une voix dans son dos.

L'homme qui remontait à présent l'allée était de très grande taille. Il portait des bottes noires, un pantalon bleu, une casquette à visière, mais il n'avait pas d'arme à la ceinture. A trois ou quatre mètres du perron, il s'immobilisa brusquement, comme arrêté par un mur invisible, glissa un doigt sous son képi pour le renverser en arrière, et s'adressa au petit groupe d'adolescents :

– Pourrais-je parler à Mme Strepski?

– Elle arrive, monsieur, l'informa Ganesh.

L'officier de police attendit sans mot dire. Après un bref coup d'œil perplexe à la petite troupe, il se mit en devoir de contempler le massif de tulipes en déroute, le vieux chêne et

248

les grands érables. Fort peu de jardins, dans la localité, possédaient autant de vieux arbres.

Tante Betty apparut dans l'entrée, et l'officier de police porta deux doigts à sa visière.

– Bonjour, monsieur, dit tante Betty en s'asseyant sur la balancelle du perron, dont les charnières rouillées grincèrent.

– Chaud pour la saison, n'est-ce pas, et pourtant il n'est pas midi.

– Oui, dit poliment tante Betty. Je crois que nous allons avoir une chaude journée.

– Je le crois aussi. Madame Strepski, je suppose que vous savez ce qui m'amène ici.

– Oui, monsieur, je le sais.

– Le délai accordé s'achève aujourd'hui à midi. Passé cette heure, vous devrez avoir évacué les lieux. (Il jeta un coup d'œil furtif sur la rangée d'adolescents alignés sur le perron, semblables aux spectateurs d'un match.) Vos paquets sont-ils faits, êtes-vous prête à quitter les lieux ?

– Non, monsieur, répondit tante Betty d'une voix ténue.

Il lui jeta un coup d'œil interrogateur.

– En ce cas, je peux vous laisser jusqu'à demain matin.

– C'est très gentil à vous, monsieur, dit-elle, seulement... (L'instant était venu de braver l'autorité, et sa voix s'étranglait.) Seulement...

Ganesh intervint :

249

– Nous ne quitterons pas cette maison, monsieur.

Le chef de police tourna lentement la tête, et posa un regard curieux sur le gamin blond qui était assis là, sur la dernière marche du perron, et qui tournait vers lui un visage criblé de taches de rousseur.

– Qu'est-ce que tu viens de dire, toi? J'ai mal entendu.

– Nous ne quitterons pas cette maison, Votre Honneur.

Le visage du policier se crispa. Il se retourna, visiblement consterné, vers la balancelle et son occupante.

– Qui est ce gamin?

– Mon neveu. Jeffrey Moore.

– Eh bien, Jeffrey Moore, dit l'officier de police en tirant quelque chose de sa poche de derrière, tu pourrais peut-être transmettre ceci à ta tante?

En trois grandes enjambées, il était au pied des marches, et tendait impérativement à Ganesh un feuillet de papier.

– C'est l'ordre d'évacuation, expliqua-t-il sèchement.

Puis, pivotant sur ses talons, il s'en alla reprendre sa place de départ, sur le ciment de l'allée.

Ganesh fit passer le papier derrière lui. De

250

main en main, le feuillet blanc finit par joindre sa destinataire.

– Je vous donne jusqu'à demain matin, madame Strepski, répéta le chef de police.

– Inutile, Votre Honneur, reprit Ganesh. Nous ne partirons pas.

Le chef de police se retourna vers son interlocutrice attitrée, qui tenait l'ordre d'évacuation des deux mains, comme un linge qu'elle se serait apprêtée à étendre sur un fil.

– Votre neveu s'exprime-t-il en votre nom, madame ?

Incapable de prononcer un mot, elle fit signe que oui. Le policier se tourna vers Ganesh.

– Je suis au regret de devoir rappeler, dit-il sur un ton coupant, qu'au regard de la loi cette demeure est désormais propriété de l'Etat. Je n'ai pas l'impression que tout le monde l'ait bien compris.

– La loi peut encore faire modifier le tracé de la route, fit observer Ganesh.

Le chef de police cligna des yeux, rapidement, à plusieurs reprises. Il renversa son képi en arrière, plus que jamais, sur son crâne – au point de manquer de peu de l'envoyer par terre.

– Je suis autorisé à faire évacuer cette maison par la force, martela-t-il (et ce disant il parcourait du regard la petite équipe d'adolescents massée sur le perron), tant en ce qui concerne ses occupants que les meubles et les biens qu'elle contient. Est-ce bien clair pour chacun?

Mais Ganesh, comme s'il n'avait pas entendu, répondit d'une voix égale :

– Cette maison, elle a été bâtie par mon arrière-grand-père, de ses deux mains.

Il était assis dans la position du lotus total : pied gauche sur la cuisse droite, pied droit sur la cuisse gauche. Il se sentait inamovible, immuable, ancré là comme un roc : son épine dorsale, droite et ferme, lui faisait l'effet de se prolonger comme le tronc d'un arbre jusque dans le sol même, à travers les planches du perron, et d'aller s'enraciner sous terre, au cœur du granit.

Le policier, pris de court, ne savait trop que répondre à cette affirmation que l'ancêtre de Ganesh avait bâti lui-même, de ses deux mains, cette vaste demeure tout en angles et en pignons, et qui aurait eu bien besoin d'une sérieuse restauration. Il ne sut que marmonner :

– Mmm... Je suis désolé...

Sur quoi, se ressaisissant, il balaya du regard la bande d'adolescents :

– Et vous autres, on peut savoir ce que vous faites ici?

– Ils restent avec nous, dans la maison, expliqua Ganesh.

– Ma foi, on peut les évacuer tout pareil!

– Ils reviendront.

252

– Pas si leurs parents s'y opposent, objecta le policier avec un sourire doux-amer.

– Dans ce cas..., dit Ganesh en prenant une large aspiration..., ils feront la grève de la faim!

– Comment?

– Oui, ils refuseront de manger jusqu'à ce qu'on leur permette de revenir ici.

Le sieur Halstead retira son képi pour s'essuyer le front. Puis il le remit en place et, tournant les talons, il repartit à grandes enjambées en direction de son véhicule. On l'entendit démarrer avec hargne, et les pneus émirent un bref gémissement.

La voiture de police disparue, rires, soupirs de soulagement et éclats de voix divers fusèrent d'un peu partout.

– Pas l'impression qu'il soit habitué à se faire rembarrer comme ça, le malheureux! dit quelqu'un.

– Hé, Ganesh, on ne t'a jamais dit qu'on ne donne pas du « Votre Honneur » à un flic?

Un garçon vint se planter devant Ganesh et l'interrogea sans ménagement :

– Dis donc, qu'est-ce qui t'a pris d'aller lui dire qu'on ferait la grève de la faim?

Ganesh eut un haussement d'épaules.

– Bon, d'accord, je n'aurais peut-être pas dû. Mais j'ai pris le risque. Il fallait bien.

Son regard rencontra celui de Lucy Smith. Elle souriait, l'air approbateur.

Mais tante Betty, dans sa balancelle, s'éventait distraitement avec l'ordre d'évacuation. D'une voix douce et distante, elle demandait au vent d'été :
– Et maintenant ? Comment tout cela va-t-il tourner ?

Chapitre 8

L'après-midi même, une dame fort bien mise entra dans le jardin. Elle referma soigneusement le portail derrière elle, et remonta l'allée en direction d'un petit groupe de satyagrahis qui flânaient dans l'herbe, devant le perron de bois. Assis sur la plus haute marche, Ganesh montait la garde.

– Mme Strepski est-elle ici? s'informa la dame, en grattant d'un geste élégant sa joue fardée de rouge du bout d'un ongle vernis. Et ma fille? Ruth Hoving?

Une fille se leva en silence et pénétra dans la maison. Presque aussitôt, tante Betty apparut à l'entrée. Elle regarda sa visiteuse, et fronça les sourcils.

– Vous souvenez-vous de moi, madame Strepski? Je suis Dorothy Hoving.

– Oui, je me souviens de vous, dit froidement tante Betty. Nos maris étaient en relations d'affaires.

Son interlocutrice jeta un coup d'œil à la pointe de ses souliers, l'air vaguement embarrassé.

– Votre mari était un homme de bien, madame Strepski, murmura-t-elle.

Tante Betty restait murée dans un silence de pierre, attendant la suite. Ganesh se dit qu'apparemment les relations d'affaires évoquées entre les deux hommes n'avaient pas dû se terminer très bien. Peut-être le mari de cette Mme Hoving avait-il été l'un de ces emprunteurs sans mémoire? Mme Hoving se mordillait la lèvre et levait sur tante Betty un regard chargé d'anxiété. Le soleil lui faisait cligner les yeux, et de fines gouttelettes de sueur perlaient sous son maquillage. Pourtant tante Betty ne l'invita pas à venir à l'ombre de la galerie de bois.

– Je comprends ce que vous pouvez ressentir, dit soudain Mme Hoving, comme prise d'une impulsion subite. Perdre cette maison comme ça... Mais il faut que vous me compreniez, vous aussi. Je veux dire... Ruth – c'est ma fille –, Ruth est si jeune! Je ne peux pas la laisser rester dans cette maison avec tous ces garçons... (Elle jeta un coup d'œil circulaire, la main en visière, sur les satyagrahis, pour la plupart assis sur le perron, à l'ombre de la galerie.) C'est une véritable honte que l'Etat vous prenne votre maison comme ça, une honte! C'est aussi l'avis de mon mari, d'ailleurs. Il admirait tant le vôtre... (Sa voix s'était faite traînante.) Croyez-moi, si vous avez une pétition à faire signer, vous pouvez compter sur ma signature... Mais je ne peux pas laisser Ruth passer la nuit ici. J'ai toujours eu beaucoup de respect pour votre...

– Ruth Hoving! appelait déjà tante Betty par la porte entrouverte. Dites à Ruth Hoving de venir ici! Ruth Hoving!

– ... Beaucoup de respect... bafouillait l'autre en farfouillant dans son sac pour en extraire un mouchoir de papier et s'essuyer le visage.

Un filet de sueur, teinté de bleu à paupières, s'écoulait doucement sur le côté de son œil, la transformant en clown triste.

– Il faut quand même que je vous dise, madame Hoving, l'informa tante Betty, les poings sur les hanches, que nous avons réservé le premier étage au dortoir des garçons, et le second aux filles, avec moi. Ce n'est tout de même pas que vous imaginiez, honnêtement, que j'allais les installer ensemble?

– Evidemment non, mais...

Une fille sortait de la maison – petite, mince, blonde, avec de grands yeux interrogateurs.

– Je ne savais pas que tu étais une fille Hoving, assura tante Betty, en guise d'explication. Ta mère veut que tu rentres chez toi, Ruth.

Ruth leva les yeux sur sa mère.

– Mais je veux rester ici, moi, maman.

– Non, tu rentres à la maison – tout de suite.

257

(Coup d'œil moins qu'amène du côté de tante Betty.) Si je l'ai laissée venir ici, pour commencer, c'est parce que vous aviez besoin d'aide. Mais vous n'avez aucun droit à la garder ici.

— Je vous remercie de votre aide, chère madame, mais je n'en ai pas besoin. Et je ne garde pas votre fille de force.

— Allons, Ruth, viens! dit Mme Hoving sur un ton outragé.

— Oh maman, s'il te plaît, rien qu'une nuit!

— Viens, ou c'est ton père qui va venir te chercher! (Nouveau regard ulcéré en direction de tante Betty.) Mon mari ne sait même pas qu'elle est ici. Il ne l'aurait jamais laissée venir. Et regardez toute la reconnaissance que j'en retire.

Ganesh, qui suivait la scène avec attention, vit que la pauvre fille en avait les larmes aux yeux. Elle s'approcha de tante Betty et lui souffla doucement :

— Excusez-moi, mais je ne peux pas faire autrement.

Tante Betty parut hésiter, puis elle sourit et effleura la main de Ruth.

— Tu es gentille de vouloir nous aider, je t'en sais gré. Je ne l'oublierai pas, ne t'inquiète pas. Mais rentre chez toi, maintenant.

Ruth descendit alors les marches, lentement, pour rejoindre sa mère, qui la prit fermement par le bras et descendit l'allée avec elle, sans le moindre regard en arrière. Au niveau du portail, pourtant, Mme Hoving se retourna pour lancer en promesse :

– Je signerai une pétition en votre faveur!

Là-dessus, pivotant sur ses hauts talons, elle emmena Ruth hors de leur vue.

Ganesh n'avait jamais vu sa tante dans cet état d'ébullition. Sa fureur contenue lui avait mis le rose aux joues et elle en paraissait plus jeune. Il la vit descendre au jardin et s'engager résolument dans une allée, pour y chercher quelque apaisement sans doute; au bout de quelques instants, il alla l'y rejoindre.

– Ce M. Hoving... Il devait de l'argent à l'oncle Henry? demanda-t-il.

Tante Betty, qui s'était penchée pour respirer une rose jaune dans un massif, se tourna vers lui avec un sourire railleur.

– Et comment! De l'argent dont nous n'avons plus revu la couleur. C'était alors un jeune mécanicien, qui voulait ouvrir son propre garage. Ton oncle a tenu à l'aider – pourtant c'était pour lui, au fond, un concurrent en perspective... Et maintenant sa femme a le culot de venir ici et de proclamer qu'elle veut m'aider! Signer une pétition, respecter Henry? Il est bien temps! Ces deux-là, crois-moi, ils le jugeaient faible, parce qu'il était généreux... (Elle s'éclaircit la voix, comme pour une déclaration solennelle.) Cette maison, nous allons nous battre pour elle.

Henry y a vécu des années, lui aussi; et il l'aimait!

Ganesh l'écoutait, pensif. L'oncle Henry. Et son père. Il y avait des êtres ainsi faits que l'argent, pour eux, n'avait peut-être pas tout à fait assez d'importance, et qu'ils se montraient toujours trop confiants; mais d'un autre côté, ils appartenaient à cette catégorie d'êtres que n'oublient jamais ceux qui les ont aimés. Le seul souvenir de l'oncle Henry venait d'insuffler à tante Betty la force de se dresser contre cette Mme Hoving. A partir de maintenant, Ganesh en était sûr, sa tante ne fléchirait plus dans sa croisade pour la vieille demeure. Elle était capable de déplacer des montagnes.

Chapitre 9

Ils prirent la décision d'instaurer des tours de garde pour la nuit. C'était une idée de Tom, s'appuyant sur le fait que la satyagraha était en un sens une opération militaire. Ayant effectué le premier quart de veille, sous la galerie, face au perron, Ganesh laissa la place à Tom et gravit l'escalier d'un pas ensommeillé pour regagner sa chambre, qu'ils se partageaient, Tom et lui. Il s'étendit. Le bruissement des peupliers emplissait la pièce par la fenêtre ouverte, et de temps à autre venait s'y joindre le grattement léger des rameaux du chêne contre le mur de la vieille maison... De sa maison... De la maison de tant d'autres, jadis et naguère – et même à présent : cette nuit, ils étaient une douzaine à dormir dans ses murs. C'était ainsi que l'avait voulu son arrière-grand-père. Une grande maison, pour loger beaucoup de monde. En Inde aussi on concevait la maison de cette façon-là. Lorsqu'il lui arrivait de passer la nuit chez Rama, ils

261

étaient plus de douze à dormir sous le même toit.

Il se releva, se dirigea vers son bureau et chercha des yeux, dans le clair de lune, le contour sombre de la silhouette du dieu à tête d'éléphant. Il ne pria pas, n'éleva pas d'incantation, mais avança la main pour effleurer la statuette de bronze. Ganesh, Celui qui écarte les obstacles. Etait-ce la réalité, ou bien était-ce un rêve? Etaient-ils réellement là, ces camarades américains venus le soutenir dans sa lutte – contre leur propre gouvernement?

Cette fois, il se coucha pour de bon, et ne tarda pas à s'endormir.

Chapitre 10

Le lendemain matin, Tom eut une nouvelle idée : pourquoi ne pas donner un cours de yoga à ceux que cela intéresserait ? La plupart des participants à la satyagraha se déclarèrent partants, aussi Ganesh les fit-il se répartir sur la pelouse, pour leur enseigner quelques positions de base – debout, assis, couché. Tout en prodiguant ses conseils, il ne pouvait se retenir de songer à Tom – Rama lui-même n'aurait pas su lui être d'une aide plus précieuse. Tom avait pressenti que donner une leçon de yoga était le meilleur moyen, pour Ganesh, de témoigner de son estime aux satyagrahis. Des semaines auparavant, Ganesh n'aurait pas même espéré voir surgir dans son univers un ami de cette trempe. Il se sentait envahir d'une vive reconnaissance envers Tom, tout en surveillant les postures des aspirants yogis.

Après la leçon, Lucy Smith vint le trouver.
– Dis, il faudrait que tu touches un mot à ta

tante. Elle n'a pas fermé l'œil de la nuit, elle a tenu à monter la garde, sur le palier, pour s'assurer que vous ne veniez pas nous ennuyer, vous autres garçons. Nous n'avons pas besoin qu'on nous protège, vu? Nous sommes bien assez grandes pour faire notre police nous-mêmes, tu ne crois pas?

Ayant saisi au vol cette tirade indignée, Tom Carrington éclata de rire – et son rire redoubla devant l'air embarrassé de Ganesh.

– Quelque chose me dit qu'en Inde les filles n'ont pas ces revendications d'indépendance, ou est-ce que je me trompe?

Ganesh approuva vigoureusement. En fait, de tous les efforts d'adaptation qu'il avait dû faire, l'un des plus malaisés sans doute avait été celui d'admettre l'aplomb, la confiance en elles-mêmes (si ce n'est le culot) dont faisaient preuve les jeunes Américaines. Là-bas, au village, les filles ne s'exprimaient guère qu'à mi-voix, elles baissaient les yeux ou détournaient le regard, et faisaient si peu de bruit, dans une pièce, que l'on aurait pu croire qu'elles n'y étaient pas.

Peu après, tante Betty apparut sur le perron, munie d'un vaste plateau garni d'une pile d'assiettes en carton et d'un grand plat d'œufs au bacon. Tout le monde applaudit. Cependant, lorsque après un moment elle réapparut munie d'un second plateau, recouvert d'une quantité d'autres petits plats amoureusement mitonnés, alors que ses yeux battus disaient assez sa fatigue et sa nuit sans sommeil, Lucy vint se planter en travers de son chemin.

– Mme Strepski, pour la cuisine et la vaisselle, il faut nous laisser vous aider. (Le ton était affirmatif et sans réplique.) Et puis, je voulais vous dire autre chose : vous pouvez dormir sur vos deux oreilles; ne vous inquiétez pas pour nous autres filles – nous sommes tout à fait capables de nous défendre nous-mêmes.

Les regards des deux femmes se rencontrèrent. Tante Betty sourit.

– Oh, que vous en soyez capables, je veux bien le croire, dit-elle. Vous m'en avez l'air.

Presque aussitôt après, une voix prévint à la cantonade :

– Attention, voilà de la visite! Et ça risque de commencer à barder...

Toutes les têtes se tournèrent pour suivre des yeux la voiture de police qui se rangeait devant la maison. Le chef de police en descendit, l'air solennel. Lunettes sombres, revolver à la ceinture, il paraissait autrement inquiétant que la veille. Il était escorté d'un autre policier, dans l'uniforme bleu-gris de la police d'Etat. Plus grand encore que Halstead, ce deuxième visiteur arborait un chapeau de cow-boy dans le style de celui des commissaires de police de l'Ouest.

Les satyagrahis cessèrent de manger et déposèrent leurs assiettes de carton. Les deux poli-

265

ciers venaient de s'immobiliser au niveau du mur invisible qui se dressait apparemment à trois mètres environ du perron.

– Bonjour, madame Strepski, dit courtoisement le chef de police, tandis que les deux hommes soulevaient leurs couvre-chefs respectifs. Je vous présente M. le commissaire Baxter, de la police d'Etat.

– Bonjour, ma'ame.

Tante Betty les salua d'un signe de tête, et reprit poste dans sa balancelle rouillée. Le vieux meuble de jardin amorça un mouvement de pendule, dans un concert de grincements qui rappelait, se dit Ganesh, le réveil des corbeaux, au village.

Le chef de police cherchait des yeux Ganesh, qui s'avançait justement pour venir prendre poste à son emplacement favori, la plus haute marche du perron.

– Alors, Jeffrey, commença-t-il sur un ton jovial, qu'as-tu à nous dire ce matin?

– La même chose qu'hier, monsieur.

Le policier fronça le sourcil; il jeta un coup d'œil du côté de son acolyte, d'un air de dire : « Oui, c'est le gamin dont je vous ai parlé. »

Le représentant de la police d'Etat se mit alors en devoir de répéter, mot pour mot, tout ce que leur avait dit la veille le chef de la police municipale.

– Si bien qu'à partir de maintenant, conclut-il en

266

dardant sur tante Betty un regard accusateur, vous pouvez être inculpée de violation de propriété – vous vous tenez, sans autorisation, sur la propriété de l'Etat.

– Monsieur, intervint alors Ganesh, cette maison est celle où sont nés ma tante et mon père. Elle a été bâtie par mon arrière-grand-père lui-même, de ses deux mains...

Mais le commissaire, feignant de l'ignorer, ne détachait pas son regard de la balancelle et de son occupante.

– Sauf erreur, M. le chef de police Halstead, ici présent, vous a donné jusqu'à midi pour évacuer les lieux. Vous aurez donc libéré la place à cette heure-là.

– Non, monsieur, dit Ganesh du haut de son perron.

Le policier d'Etat se tourna vers son collègue de la police municipale.

– C'est bien Jeffrey qu'il s'appelle?

Le chef de police acquiesça gravement.

– Jeffrey, dit alors le policier d'Etat, nous sommes autorisés à vous faire évacuer de force.

– Faites-nous évacuer de force, dit Ganesh avec un sourire suave, et aucun de nous n'avalera plus un morceau.

Le policier d'Etat lui rendit son sourire, affable.

– Oui, c'est ce que tu as déjà dit hier.

– Et c'est ce que je maintiens aujourd'hui.

Ganesh replia ses jambes pour prendre la position du lotus, cette posture dans laquelle il se sentait stable, solide comme un arbre.

– Vous allez vous attirer des tas d'ennuis en pure perte, prévint le policier d'Etat qui s'était renfrogné d'un coup.

– En pure perte, sûrement pas, monsieur. Vous pouvez fort bien laisser cette maison debout et faire votre route malgré tout, n'est-ce pas?

– Répète-lui notre intention de jeûner jusqu'à ce que le gouvernement nous écoute, lui souffla Tom qui venait de s'asseoir juste derrière lui.

– Nous ferons la grève de la faim jusqu'à ce que le gouvernement nous écoute, reprit Ganesh. Nous ne prendrons rien d'autre que de l'eau, et peut-être un peu de bicarbonate de soude. Mais ce sera absolument tout. (Il prit une longue aspiration, comme avant de se jeter à l'eau.) Et nous démarrerons cette action aujourd'hui à midi.

– Ce qui veut dire, au juste? s'enquit le chef de police, avec un pâle sourire plus perplexe qu'amusé.

– Ce qui veut dire qu'à midi nous prendrons notre dernier repas. A partir de là, nous n'absorberons plus aucune nourriture jusqu'à ce que le gouvernement accepte de nous écouter.

Les deux policiers le contemplèrent un moment en silence, puis le chef de police Halstead fit un pas en avant et, les mains dans ses poches de derrière, il parcourut du regard toute la petite troupe, derrière ses lunettes sombres.

Brusquement, sortant une main de sa poche, il pointa son gros index en direction de l'une des filles. C'était Helen Soderstrom, la plus petite de toute l'équipe, et dont on n'entendait que bien rarement la voix.

– Toi! l'interpella-t-il. As-tu l'intention de jeûner comme il le prétend?

Une quinzaine de paires d'yeux se tournèrent vers Helen. Elle avait une bouche minuscule, et un petit grain de beauté au menton. Elle ne devait pas peser quarante kilos ni même atteindre le mètre cinquante. Ses lèvres se mirent à trembler, et elle souffla, d'une voix à peine audible :

– Oui, monsieur.

– Je ne t'entends pas! tonna-t-il.

Helen battit des paupières comme sous l'effet de son souffle puissant. Elle répéta, d'une voix un peu plus forte :

– Oui, monsieur!

L'espace d'un instant, le policier se tut, digérant sa défaite, puis il entreprit de longer le perron, interrogeant les visages alignés.

– Et toi? demandait-il, l'index pointé en avant.

– Oui, affirmait une fille.

– Et toi?

– Oui! lançait crânement un garçon.

– Toi?

– Oui!
– Toi?
– Oui!

Levant les bras en l'air avec une mimique de désespoir, il renonça à passer en revue la totalité de l'équipe et, tournant les talons, il rejoignit son confrère sur le ciment de l'allée. Ils eurent à mi-voix un bref conciliabule, puis, sans ajouter un mot à l'adresse des satyagrahis, ils regagnèrent leur véhicule qui s'éloigna bientôt lentement.

Chapitre 11

– Au fait, Ganesh, tu parlais sérieusement, tout à l'heure? demanda une voix, vers midi, alors que toute la petite troupe se rassemblait pour le déjeuner. Tu comptes vraiment ne plus rien prendre, après ce repas-ci?

Ganesh acquiesça d'un léger signe de tête, comme s'il s'agissait de reconnaître qu'il faisait beau pour la saison.

– Mais aucun de nous ne prendra plus rien non plus, après ça, affirma Tom.

– Alors là, comptez pas sur moi! déclara aussitôt Ron Merril, un rougeaud plutôt bien enveloppé. Très peu pour moi, le jeûne. Je veux bien rester, mais pas jeûner, ça non!

– Si tu restes, tu jeûnes, dit Ganesh d'une voix égale.

– Ah ouais? Et pourquoi ça?

– Parce qu'il faut que le gouvernement sache que nous faisons abnégation de nous-mêmes. C'est le seul moyen de prouver que nous tenons sérieusement à notre cause.

Un long silence se fit, sans aucun commentaire. Puis Ron Merril annonça, à mi-voix, une pointe d'exaspération dans la voix :

– Bon, d'accord, j'essaie un coup. Un jour, pas plus.

Tante Betty et deux filles venaient d'apparaître, chargées d'assiettes en carton garnies de hot-dogs et de salade de pommes de terre. Passant devant Ganesh, l'une des serveuses lui tendit une assiette ne contenant que des pommes de terre.

Il eut un signe de tête.

– Euh, s'il te plaît... Pour une fois, je crois que je vais prendre aussi de ceci...

Il désignait les hot-dogs. Tous les regards convergèrent sur lui. Il leur répondit d'un geste qui se voulait désinvolte.

– Bah! Après tout, puisque vous, vous êtes venus ici, moi je peux bien manger la même chose que vous.

Il baissa les yeux sur la saucisse chaude habillée de pain qui fumait dans son assiette. Lentement, avec un soin méticuleux, il en découpa précautionneusement une bouchée qu'il empala sur la pointe de sa fourchette. Du même mouvement lent et délibéré, il porta le tout à ses lèvres.

Alors, avec un petit soupir de décision, il ouvrit la bouche et y enfourna vivement la viande – la première viande qu'il eût jamais absorbée de sa vie. Durant une seconde ou deux, il ne mastiqua pas, incapable de s'y résoudre; puis, rassemblant tout son courage, il tenta de s'efforcer à mastiquer cette substance. Il contraignit ses mâchoires à en écraser la masse molle. Le goût lui parut fort, et peu appétissant, et pourtant il mastiqua, mastiqua encore et, pour finir, se raidissant, clignant des yeux, il avala. A la première moitié de son hot-dog, un peu de sueur lui perlait au front, signe patent de l'effort exigé.

– Alors? Trouves-tu bon? s'informa Tom, la bouche pleine de son propre hot-dog.

Ganesh tenta de sourire, mais il était si manifestement mal à l'aise que certains de ses camarades étouffèrent de petits rires embarrassés.

– On dira ce qu'on voudra, t'es quand même un chic type! s'écria un garçon.

C'était celui qui, la veille, avait vertement apostrophé Ganesh pour avoir avancé, un peu à la légère il est vrai, que tout le groupe allait se livrer à une grève de la faim.

– Alors, après ce repas, on n'a plus droit qu'à de l'eau? se fit confirmer Ron Merril, d'une voix déjà pleine de regrets.

– Et du bicarbonate de soude, le rassura Ganesh, comme si ce supplément résolvait tout.

– Et pourquoi ce truc-là en plus, à propos?

– Gandhi en prenait, quand il jeûnait; il paraît que ça permet d'apaiser un estomac vide.

– Il me semble que Gandhi a failli mourir, non?

lors de l'une de ses grèves de la faim, hasarda une fille.

Ganesh fit signe que oui. C'était un épisode de l'histoire de l'Inde et de la vie du grand mahatma que chacun connaissait, là-bas.

– Au bout d'un certain temps de jeûne, expliqua-t-il, quand on a brûlé entièrement toute la graisse de son corps, on commence à consumer ses propres protéines. Mon père me l'avait appris.

– Ce qui veut dire?

– Que tu consommes ton propre corps.

Il y eut un long silence, lourd de réflexion.

– Au bout de combien de temps en arrive-t-on là, à peu près?

– Oh, ça dépend, dit Ganesh. Ça dépend de l'état de santé, et de l'âge.

Ce disant, il avait jeté un coup d'œil furtif sur sa tante, toujours dans sa balancelle.

– Ne te tourmente pas pour moi, déclara-t-elle. Moi aussi, je vais jeûner. Souviens-toi, Jeffrey – tu me l'as dit toi-même –, il arrivait encore à Gandhi de jeûner à près de quatre-vingts ans; alors j'imagine que je peux en faire autant sans problème!

Cet après-midi-là s'écoula en discussions et en jeux calmes sur l'herbe de la pelouse. Certains rentrèrent dans la maison pour regarder la télévision. A tour de rôle, le restant de la journée, chacun appela ses parents au téléphone, pour les informer qu'il restait sur place, au moins pour

274

une nuit encore. Aucun ne fit allusion au jeûne. Ils discutèrent la question de savoir quand il serait bon de révéler leur jeûne au public. Ganesh, assis sur sa marche, suivit toute la discussion, un imperceptible sourire aux lèvres. Il ne leur dit pas que tant que personne n'était au courant, leur grève de la faim n'avait guère de sens. « Chaque chose en son temps », songeait-il. C'étaient là des mots qu'il avait entendus souvent des lèvres de son père, à l'époque où, conseiller agronome, il se rendait aux champs pour enseigner aux paysans de nouvelles techniques agricoles.

C'est dans le courant de ce même après-midi qu'ils remarquèrent que bon nombre d'automobilistes ralentissaient nettement en passant devant la propriété; des têtes surgissaient aux portières, qui contemplaient au passage ces onze gosses et cette femme d'un certain âge défiant la loi. Sous ce regard extérieur, l'attitude des satyagrahis se modifia sensiblement. Alors qu'au début ils riaient haut et fort, et chahutaient comme une bande d'écoliers en récréation, ils devinrent peu à peu réservés et pensifs, au fur et à mesure que se précisait, derrière la clôture blanche, le défilé solennel des badauds et des curieux. Ganesh se réjouissait de cette transformation. Il savait, pour avoir discuté de ces choses-là avec son père, ce que les autres ne pouvaient pas savoir : le succès d'une satyagraha dépend du sérieux absolu de celui qui pratique cette forme de résistance non violente, de son engagement total, de sa faculté de souffrir et d'endurer. Dans fort peu de temps, à présent, ils saisiraient toutes les conséquences de leur décision de s'engager à ses côtés – mais pour le moment ils n'en savaient rien. Lui, s'il avait mangé de la viande, c'était pour devenir l'un des leurs. Et maintenant, à leur tour, pour lui, ils allaient se priver de nourriture. Quelque chose de très important, vraisemblablement, allait se produire entre eux et lui. Le souvenir revint à Ganesh du bûcher mortuaire, et de la façon dont tambourinait son cœur lorsque le cortège s'était approché du lieu de l'incinération. Cette étrange morsure à l'estomac, cette crampe à la mâchoire qu'il avait éprouvées alors, il lui semblait les retrouver à présent : une fois de plus, il allait affronter quelque chose d'inconnu et d'extrêmement pénible. Mais il se sentait prêt à tout affronter en serrant les dents, comme il l'avait fait alors... Pourtant tout était différent : l'épreuve de la crémation paternelle, il l'avait affrontée seul; cette fois il ne serait pas seul. Dans l'après-midi finissant, son regard s'attarda tour à tour sur chacun de ses nouveaux camarades prêts à tenir tête, pour le soutenir, à un gouvernement entier. Plus jamais il ne se sentirait seul en Amérique; plus jamais, tant qu'il serait entouré d'êtres de cette trempe-là.

Chapitre 12

Le lendemain matin, il donna une seconde leçon de yoga, mais avec la moitié seulement des effectifs de la veille : les autres avouaient par trop souffrir de courbatures – y compris Tom, qui boitillait à travers le jardin comme une grande cigogne blessée.

La suite du programme aurait dû comporter un petit déjeuner, mais rien ne vint. Tous les regards se tournaient inconsciemment vers cette porte d'où aurait dû surgir tante Betty, chargée de plateaux odorants, mais nul ne pipa mot jusqu'à ce qu'apparût Ron Merril, son sac de couchage sur l'épaule.

Essuyant sa face rougeaude avec un grand mouchoir, il expliqua qu'il ne lui était plus possible de tenir s'il n'avalait rien de solide. Rien absorbé depuis le déjeuner de la veille : autant dire qu'il tombait d'inanition ! Là-dessus, il les quitta à grands pas, et descendit allègrement l'allée – plein cap sur un bon petit déjeuner dégoulinant de beurre fondu... Aussitôt après son départ, les langues se délièrent et chacun entreprit de décrire par le menu les symptômes de sa propre faim. L'un affirmait qu'il avait comme quelque chose qui rampait, là-dedans, un autre trouvait que cela vous donnait plutôt un peu envie de vomir; un troisième se sentait tout drôle, vaguement désorienté, un quatrième avait des gargouillis. Pour tous, cette journée de jeûne (encore incomplète) semblait déjà avoir duré quarante-huit heures au moins, si ce n'est davantage. Sauter un repas, okay, ce n'était vraiment pas terrible. Deux, passait encore. Mais le pire, c'était de s'éveiller au matin avec l'idée de manger enfin, puis de se dire que non! ce creux au ventre, il allait falloir le garder, des minutes, des heures durant, la journée entière!

Une voix s'éleva pour affirmer que c'était sûrement très malsain. Une autre rappela que tant que l'on est en pleine croissance, on a besoin de nourriture, plus que quiconque. Et puis, qu'advient-il des dents, voulait savoir une autre, plaintive, lorsqu'on ne leur fournit plus de calcium? Les satyagrahis allaient-ils voir leur croissance s'arrêter net, leurs dents tomber, leurs jambes se dérober sous eux, leurs cœurs s'arrêter de battre? Et au bout de combien de temps toutes ces joyeusetés risquaient-elles d'intervernir? Ganesh, marmonnaient certains, avait été fort peu scientifique dans sa description des risques encourus : « Ça dépend de l'état de santé, de l'âge... » Ouais, mais *pour eux, dans la réalité*?

Tout au long de la matinée, les satyagrahis, amers, se livrèrent à ces spéculations angoissées, les examinant minutieusement sous tous leurs angles, tandis que le soleil montait peu à peu dans l'air transparent de l'été, et que la girouette, là-haut, se figeait dans le bleu du ciel.

Ganesh espérait ardemment qu'il allait se produire quelque chose, et vite. Dans les jours qui suivraient, il le savait, ses compagnons allaient souffrir cruellement des coups de boutoir de la faim – certains plus que d'autres, mais tous, à coup sûr, plus qu'ils ne s'y attendaient encore. Pour raffermir leur volonté, et les confirmer dans leur résolution de poursuivre, il fallait absolument que quelque chose vînt consolider le petit groupe, et lui faire paraître sa misère bien légère au regard de la bataille engagée.

Par bonheur, peu après ce qui aurait pu être l'heure du déjeuner, il se produisit bel et bien du nouveau.

– Ohé, revoilà de la visite! lança quelqu'un, et toute l'équipe, avec un bel ensemble, regagna la galerie pour s'asseoir en groupe sur le plancher de bois, devant les marches du perron, face à la pelouse. Trois hommes venaient de descendre d'une longue limousine noire, rangée le long du trottoir, et remontaient à présent l'allée d'un pas décidé.

Deux de ces messieurs avaient une allure déjà familière : ils n'étaient autres que le chef de police Halstead et le policier d'Etat, déjà venus ici la veille et même, pour le premier, l'avant-veille. Si ces deux-là fronçaient le sourcil, le troisième visiteur, par contre, était absolument tout sourire, comme s'il apportait de bonnes nouvelles à chacun. De même que ses compagnons, il s'immobilisa au niveau du mur invisible, et ne le franchit que lorsque tante Betty, depuis sa balancelle, les convia aimablement à s'approcher davantage :

— Mais venez donc, messieurs, venez donc!

Les trois hommes gravirent les marches du perron, franchirent la barre des adolescents assis par terre; les deux policiers ne manquèrent pas de décocher à Ganesh, au passage, un regard insistant et sans tendresse aucune.

Le chef de police présenta à tante Betty le nouveau visiteur au costume à carreaux – un certain M. Walton, commissaire d'Etat, représentant le ministère de l'Equipement. Le dénommé Walton se fendit d'un large sourire et déclara :

— Nous avons déjà correspondu par courrier, chère madame, mais c'est la première fois que j'ai le plaisir de vous rencontrer personnellement.

Elle répondit à cette aimable salutation par une esquisse de sourire sceptique.

— Apportez une chaise pour M. le commissaire, s'il vous plaît, demanda-t-elle aux enfants.

Un garçon se précipita dans la maison et en

ressortit presque aussitôt avec une chaise au dossier droit et raide.

– Merci, dit le commissaire, tournant son large sourire en direction du garçon qui lui présentait le siège, un adolescent aux joues rouges et respirant la santé.

Il s'assit et les deux policiers vinrent l'encadrer de leur grande silhouette, debout, non loin de la balancelle.

– Si vous le voulez bien, chère madame, enchaîna-t-il aussitôt, j'aimerais vous expliquer quelque chose.

Il ouvrit sa serviette de cuir et en sortit avec ostentation un large dossier cartonné.

– J'ai ici, voyez-vous, les documents concernant le projet complet (ainsi que les plans) de la future autoroute...

Là-dessus, d'une voix douce et persuasive, il s'employa à détailler par le menu le montant des dépenses impliquées, le calendrier des travaux, le chiffre estimatif des véhicules devant emprunter cette voie de circulation chaque année, les recettes escomptées du péage, les utilisations possibles des sommes ainsi collectées : investissements collectifs divers, programmes d'assistance aux personnes âgées, à l'enfance défavorisée, etc.

Tante Betty lissa de la main, sur ses genoux, la cotonnade fleurie de sa vieille robe, et déclara :

– Je suis heureuse de voir que l'Etat compte faire si bon usage des revenus que lui procure-

281

ront les droits de péage. Mon mari, dans son testament, a légué pour sa part une partie de ses biens à la municipalité, à l'intention de ses œuvres d'entraide. Mais cette propriété-ci, sur laquelle nous sommes tous assis en ce moment, m'appartient en propre. A ma disparition, elle reviendra à mon neveu.

Sans se départir de son sourire, le commissaire rectifia courtoisement :

– Je suis au regret de devoir vous rappeler, chère madame, ce que vous-même et votre avocat ne pouvez ignorer : cette propriété ne vous appartient plus. Nous vous avons d'ailleurs fait parvenir un chèque, représentant le montant exact de sa valeur estimative au jour de la décision judiciaire reconnaissant l'utilité publique de l'expropriation.

– Chèque que je vous ai immédiatement renvoyé. Je ne veux pas de votre argent. Henry ne m'a pas légué une fortune, tant s'en faut, mais il m'a tout de même laissé de quoi payer les impôts et taxes dus par cette propriété.

Pour la première fois, le commissaire fronça le sourcil. Il tourna les yeux vers la petite troupe d'adolescents assis par terre qui, contrairement à lui, souriaient à présent franchement. Son regard s'arrêta sur Ganesh.

– Est-ce lui ? murmura-t-il à demi, en s'inclinant vers le chef de police.

– Oui, c'est celui-ci, confirma Halstead.

282

– Tu viens de l'Inde, je crois, mon garçon? demanda le commissaire, s'adressant à Ganesh.

– Oui, Votre Honneur, dit Ganesh.

L'appellation révérencieuse parut un bref instant estomaquer le commissaire, le temps pour lui de démêler si l'on se payait sa tête ou non. Puis il reprit aimablement :

– Alors, comme ça, tu vis avec ta tante? Bien. Nous allons vous procurer à tous deux un bel appartement en ville, sans compter, bien sûr, d'assez jolies indemnités de dédommagement pour cette maison. Je pense qu'avec cette somme tu devrais pouvoir sans problème aller jusqu'au bout de tes études supérieures.

Ganesh n'ouvrit pas la bouche.

Rendu nerveux par ce silence, le commissaire éprouva le besoin de s'éclaircir la voix, puis se tourna de nouveau vers tante Betty.

– Tous ceux que nous avons dû exproprier pour ce tronçon ont accepté le fait. Votre voisin, par exemple...

Il désignait d'un geste vague la propriété voisine.

– Le propriétaire n'est jamais là, il habite une grande ville de l'Est, fit observer tante Betty, dédaigneuse. Il n'a ici aucun intérêt, aucune racine. Pourquoi ne pas parler plutôt du restaurant d'à côté? Pourquoi ne pas exproprier plutôt le *drive-in*, avec son immense parc de stationnement?

– Il y a à cela une explication simple, chère madame...

– Qui est que la chaîne de restaurants à laquelle il appartient ne veut surtout pas se départir de ce terrain, parce qu'il représente une excellente valeur spéculative, soit pour y bâtir quelque chose par la suite, soit pour le revendre à prix d'or!

– Il y a à cela une explication simple, disais-je – et très certainement vous la connaissez fort bien : c'est que le tracé prévu ne passe tout simplement pas par là!

– En ce cas, modifiez le tracé.

« Bigre, elle déplacerait des montagnes », se dit Ganesh.

Le commissaire ne s'en départit pas pour autant de sa belle humeur. D'un geste décidé, il tendit le dossier à tante Betty.

– Ecoutez, chère madame. Je vous engage vivement à étudier ceci. Une femme aussi intelligente et sensée que vous ne pourra que se rendre à l'évidence : il faut parfois faire abstraction des intérêts privés au nom de l'intérêt général.

Sur l'inspiration du moment, semble-t-il, il pivota sur sa chaise pour se tourner vers Ganesh :

– A propos, mon garçon, que penses-tu de l'Amérique?

– C'est un beau pays, monsieur. Mais nous ne quitterons pas cette maison.

284

Le commissaire se leva de sa chaise, incapable cette fois de camoufler davantage sa profonde contrariété.

– Croyez bien que nous ne vous voulons aucun mal, à ta tante et à toi... (Il embrassa du regard toute la petite équipe)... Pas plus qu'à aucun de vous tous. Mais il faut bien se dire que, même en Amérique, on ne fait pas toujours tout ce qu'on veut. J'ai cru comprendre que vous menaciez de faire une grève de la faim ?

– Nous l'avons déjà entamée, monsieur.

– A votre aise.

A grandes enjambées, toujours flanqué des deux policiers, il quitta la galerie et descendit les marches de bois du perron. Puis, sur le ciment de l'allée, il se retourna, clignant des yeux, pour embrasser d'un même regard la tante, le neveu et leurs supporters.

– Nous ne vous évacuerons pas d'ici par la force. Nous ne sommes pas des brutes. Mais vous ne pourrez pas jeûner éternellement. (Il darda sur tante Betty un regard sévère.) Lorsque vous serez prête à évacuer les lieux, faites-le-nous savoir, et nous vous conduirons à l'hôtel, chère madame. (Bref coup d'œil sur Ganesh.) Ainsi que votre neveu.

Toute la troupe regarda les trois hommes s'éloigner, à pas dignes et mesurés, conscients de ces paires d'yeux qui accompagnaient leur retraite. Sitôt disparue la longue limousine noire, un éclat de rire fusa :

– Hé, Ganesh ! Tu crois vraiment qu'on donne du « Votre Honneur » à un commissaire de je ne sais trop quoi ?

Tom Carrington se pencha pour plaquer sa grande main sur l'épaule de Ganesh.

– Mon vieux, tu commences à devenir célèbre. Comment ont-ils pu savoir que tu venais de l'Inde, sauf à avoir fait leur petite enquête ?

Assis sur sa marche, Ganesh souriait, mais il réfléchissait aussi : à son avis, les satyagrahis venaient de gagner la première manche ; on ne les évacuerait pas par la force, le commissaire venait de le dire. Naturellement, les autorités voulaient avant tout éviter les histoires – or c'était risquer de déclencher tout un barouf que d'expulser d'une maison, par la force, une bande d'adolescents. Et plus encore si ces derniers menaçaient d'ameuter les populations par une grève de la faim, en prime !

Après avoir dûment commenté cette victoire avec le petit groupe au complet, Ganesh s'adossa à un pilier de la galerie et se prit à songer à Rama. Avec quelle joie il aurait savouré ce triomphe, s'il avait été là ! N'était-ce pas grâce à cette forme de résistance non violente, en effet, que l'Inde s'était libérée de l'autorité britannique ?

– C'est donc ça, murmurait Lucy Smith, le principe de la satyagraha...

Chapitre 13

Ils vécurent vingt-quatre heures sur ce succès, mais il n'y avait tout de même pas là de quoi les satisfaire pleinement. Ils avaient beau faire semblant de trouver facile de se passer de manger, ce jeûne prolongé les affectait plus qu'ils ne voulaient l'admettre, et d'heure en heure davantage. Pour endormir la faim, ils se livraient corps et âme à de grandes parties de cartes, ardents, acharnés au jeu – mais prompts aussi à la querelle, et ne sachant parfois plus du tout à qui revenait le tour de jouer. D'autres s'abîmaient, hébétés, dans la contemplation de la télévision. D'autres encore, au contraire, ne pouvaient tenir en place plus de cinq minutes d'affilée; ils descendaient se balader au jardin, instables, comme électrisés; ils bourraient de coups de pied des touffes d'herbe, ou plumaient de ses feuilles quelque rameau d'érable, échangeant avec leurs semblables des regards sans aménité.

Le soir venu, pourtant, ils se retrouvèrent sous

la galerie et se mirent à discuter... Ce ne fut d'abord que le bavardage habituel, une conversation décousue à propos de tout et de rien, des profs, des camarades, du collège en général. Puis, comme la nuit tombait, ils se détendirent enfin, et la discussion peu à peu se fit profonde et réfléchie. Ils parlèrent d'avenir, de projets, plus intimement sans doute qu'ils ne l'avaient jamais fait entre les heures de cours, au collège, ou dans ces soirées où ils se retrouvaient en bandes. Lucy Smith voulait devenir médecin, Tom Carrington – on s'en serait douté – basketteur professionnel. Puis Brad Hoover, un gaillard trapu au nez camard, dévoila son rêve de devenir acteur de cinéma. Au collège, à coup sûr, ils auraient salué cette révélation d'un brouhaha goguenard – ce pauvre Brad, pataud, courtaud! Mais là, dans le soir tombant, avec cette faim aux tripes qui vous rongeait de l'intérieur, comme un rat, personne ne songea à rire. Brad, d'ailleurs, ajouta lui-même qu'il n'était certes ni beau ni grand, mais que les acteurs étaient loin d'être tous des Apollon. Seule importait, parfois, la qualité de la diction. Sur quoi il avoua passer de longs moments, chaque soir, à réciter du Shakespeare devant un miroir... Un silence respectueux s'établit, jusqu'à ce qu'enfin Helen Soderstrom – qui voulait devenir professeur – prît la parole pour rappeler qu'un grand prix d'Académie avait été un jour décerné à un acteur qui ne devait guère être plus grand que Brad.

Les satyagrahis se couchèrent tôt, ce soir-là, s'avouant ouvertement épuisés. Brad se chargea du premier quart de veille. Dans le grand lit que se partageaient Tom et Ganesh, Tom s'endormit presque aussitôt; Ganesh s'assit pour réfléchir à la journée écoulée. Qu'elle avait donc été longue, et pesante, et lente à défiler! On se serait cru au village, lorsqu'une vague de chaleur faisait monter le thermomètre à plus de quarante-trois degrés à l'ombre, terrassant bêtes et gens durant des heures, mais les exaspérant aussi, et leur mettant les nerfs à fleur de peau.

Il entendit frapper très doucement à sa porte. Tante Betty le priait de venir la rejoindre dans sa chambre; elle avait à lui parler.

Une fois seule avec lui, elle lui parla sans détour.

– Ecoute, Jeffrey, je préfère abandonner. Je préfère abandonner plutôt que de voir ces gosses affamés comme ça. Cette maison n'en vaut pas la peine. Ils essaient de cacher ce qu'ils éprouvent, mais moi je ne le sais que trop bien. Si quelqu'un doit poursuivre cette grève de la faim, c'est moi – et moi seule.

Ganesh s'assit dans un fauteuil, d'un air très las, et leva les yeux sur sa tante, qui avait des bigoudis sur toute la tête.

– Ils ne te le pardonneraient jamais.

– De quoi? De leur avoir permis de reprendre une vie normale? Ils ne me permettraient pas de leur avoir permis de recommencer à *manger*? Ecoute. J'ai failli en pleurer, aujourd'hui, plusieurs fois, de les voir dans cet état. La faim est une chose horrible. Horrible.

Il faillit lui dire : « Je le sais. On la côtoie tous les jours, là-bas, en Inde. » Mais il préféra faire valoir qu'elle n'avait pas le droit de les priver de cette occasion de venir en aide à autrui. Et, sans attendre sa réponse – comme s'il était certain du caractère irréfutable de son argument –, il se leva et retourna dans sa chambre.

A mi-couloir, il s'immobilisa, prêta l'oreille. Il venait juste de passer sous le portrait de son grand-père, celui qui le représentait avec un gros livre de droit. Le bruit ne venait tout de même pas de là? Non, c'était absurde. Pourtant, une fois de plus, il semblait à Ganesh percevoir là une sorte de présence muette, un peu comme si tante Betty et son frère, enfants, venaient tout juste de longer ce couloir, sautillants, sous le regard sévère de leur père.

Chapitre 14

Le lendemain fut particulièrement pénible. Leur faim atteignit son paroxysme. Chacun était à cran, prêt à mordre, au bord de la crise de nerfs. Ils s'asseyaient, se relevaient, se rasseyaient. Le seul espace habitable, apparemment, était la galerie : ailleurs, il n'y avait personne. Le vieux poste de télévision restait muet, le salon et le jardin déserts.

Vers la fin de la matinée, Ralph Carlson demanda à parler à Ganesh, seul à seul, au jardin. Ralph, qui faisait partie de l'équipe de lutte, au collège, eut toutes les peines du monde à en venir au fait, auprès de ce rosier-buisson où l'avait entraîné Ganesh. Pour finir, il expliqua tant bien que mal que ses parents venaient de téléphoner, et qu'ils lui demandaient de venir les rejoindre; ils partaient en voyage pour quelque temps et désiraient l'emmener...

Il était clair qu'il voulait s'en aller. Et après tout, pourquoi pas? Si Ganesh avait eu des

291

parents avec qui partir en voyage, peut-être aurait-il, lui aussi, fait bon marché des principes de la satyagraha? Il n'en savait rien. Il n'en saurait jamais rien. Affirmer que pour sa part il avait davantage le sens de la parole donnée, et qu'il serait incapable de s'accorder ce genre de dérogation, c'était risquer de mentir. Tout ce dont il était sûr, c'est que Ralph Carlson avait fait un choix, un choix qu'il fallait respecter. Carlson, après tout, lui avait donné quatre jours de sa vie, quatre jours entiers. C'était plus que certains n'en donnaient jamais à quiconque.

D'un geste spontané, il posa sa main sur l'avant-bras de Ralph.

– Merci d'être venu.

– Ce n'est pas que je ne veuille pas rester. En fait, j'aimerais mieux, mais là, vraiment...

Il laissa traîner sa voix sur ces derniers mots, visiblement embarrassé. Puis, sans un regard en arrière pour la bande de copains, là-bas, sous la galerie, il sortit du jardin à grandes enjambées.

De retour au milieu du groupe, Ganesh fut accueilli par le sourire amer de Lucy.

– Alors, comme ça, Ralph s'est fait la paire, dit-elle.

– Il ne pouvait pas faire autrement.

– Ah, tu crois ça? (Son sourire s'était fait ironique.) Il se trouve que je le connais un peu. Ses parents ont une villa au bord d'un lac. Il n'attendait que leur coup de fil pour les rejoindre.

292

– Hé ho! V'là de la visite! annonçait Tom au même instant.

Leur visiteuse était une blonde, qui devait avoir entre vingt et trente ans, vêtue d'un pantalon et d'un chemisier multicolore, avec un grand sac en bandoulière. Même non maquillée, elle était franchement jolie. Souriante, elle franchit gracieusement le mur invisible qui arrêtait tant de visiteurs, et posa le pied sur la plus basse marche du perron. De là, s'étirant en avant, elle tendit une carte à Tom Carrington.

Tous s'attroupèrent autour de lui pour voir ce que disait ce carton. « Sally Kane. *L'Express.* »

– *L'Express*? Qu'est-ce que c'est que ça? voulut savoir Ganesh.

Le plus grand quotidien de l'Etat, murmura quelqu'un en réponse, et tous les regards convergèrent vers la jolie jeune femme.

– J'aimerais parler à ce garçon qui vient de l'Inde, dit Sally Kane avec un sourire. Je suppose que c'est toi (elle pointait le doigt vers Ganesh), puisque tu ne connais pas *L'Express*.

Elle le pria de venir faire quelques pas au jardin en sa compagnie. Ganesh accepta, et tous deux longèrent le massif de tulipes desséchées pour se diriger vers l'immense chêne qui étalait sa ramure non loin de là. Ils s'immobilisèrent sous son ombre, debout.

– Charmante maison, dit Sally Kane, promenant son regard sur les hauts murs habillés de bois et

293

sur le coq de fer forgé, tout en haut du toit, pivotant nonchalamment au gré de la brise.

Elle se tourna vers la rangée de peupliers qui bordait, sur la gauche, le petit jardin potager.

– Je dirais même que je la trouve belle, assura Ganesh.

– C'est toi qui a mis sur pied ce sit-in, je crois?

– Ce n'est pas un sit-in, c'est de la satyagraha.

Elle fit glisser son sac de son épaule, le déposa dans l'herbe, s'assit à côté, et fit signe à Ganesh d'en faire autant:

– Assieds-toi là, veux-tu? et raconte-moi tout ça.

Ganesh s'exécuta. Dans son anglais tout imprégné encore d'usages et de tournures qui n'avaient pas cours en Amérique, il expliqua que la satyagraha n'est pas synonyme de résistance passive ou de faiblesse, mais qu'elle est une forme d'action directe, le but étant d'amener l'adversaire à regarder les choses en face et à faire un choix. Elle consiste à rechercher un accord possible en partant du principe que votre adversaire peut finir par adopter votre façon de voir les choses. Un autre principe de base de la satyagraha est que par cette démarche vous découvrez aussi, par l'examen approfondi de vos propres mobiles, s'ils en valent la peine ou non. Par là, quand elle est bien conduite, la satyagraha aboutit à une libération mutuelle.

– Voilà, conclut Ganesh. Voilà ce que nous faisons ici.

La journaliste reposa le carnet sur lequel elle avait pris des notes.

— Et de qui tiens-tu tout cela?

— De mon père. Mais ce sont des choses qu'en Inde pratiquement tout le monde connaît.

— Gandhi a fait l'objet d'innombrables critiques. Beaucoup ont reproché à sa doctrine d'être par trop idéaliste.

— Je sais, convint Ganesh.

— Et cette critique ne te convainc pas?

— Pas pour cette maison.

— A ton avis, qu'est-ce qui peut permettre à la satyagraha de produire un effet réel?

— La maîtrise de soi-même, répondit Ganesh sans l'ombre d'une hésitation.

— Et tu t'en estimes capable.

Il approuva de la tête.

— Et alors, comme ça, toi et tes copains, vous vous livrez en ce moment à une véritable grève de la faim, si j'ai bien compris? Est-ce une grève de la faim sérieuse, je veux dire totale?

— Oui, ma'ame. Nous ne prenons que de l'eau.

— Comment as-tu fait pour les convaincre de se lancer là-dedans?

— Je leur ai dit que cette maison était tout ce que nous avions au monde, ma tante et moi. C'est la vérité. Et ils m'ont cru.

Elle étudiait attentivement le visage aux taches de rousseur.

— Pour être honnête, Jeffrey Moore, je crains que

vous n'ayez guère de chance de l'emporter... Et pourtant... Pourtant votre affaire commence à faire un peu de bruit. Suffisamment – la preuve – pour que mon journal ait cru bon de m'envoyer ici. Alors – qui sait? (Elle s'était relevée, et scrutait des yeux la petite troupe des satyagrahis, assis, le dos rond, sur le plancher de la galerie.) C'est dur, une grève de la faim, n'est-ce pas, Jeffrey?

– Oui, ma'ame.

– Ta tante ne la fait pas elle aussi, tout de même? Ce pourrait être dangereux, pour elle.

– Elle la fait quand même.

– Et tu ne te tracasses pas, toi, pour sa santé?

– Oh si, dit Ganesh d'une voix égale.

De nouveau elle l'examina attentivement : un gamin plutôt frêle – cheveux blonds, yeux bleus, taches de rousseur...

– Bonne chance, dit-elle enfin. Bonne chance, Jeffrey Moore. Et je ne dis pas cela par simple politesse.

Chapitre 15

Tout le restant de la journée, les curieux défilèrent devant le portail, certains allant jusqu'à se pencher par-dessus la clôture pour zyeuter plus à leur aise les manifestants, là-bas, sous la galerie. Visiblement, les spectateurs se rangeaient dans deux camps : il y avait ceux qui étaient pour Mme Strepski, pour son neveu et ces gosses du coin, qui avaient épousé leur cause; et il y avait ceux qui étaient contre, et qui ne voulaient voir en eux qu'une bande de chahuteurs, ravis de défier la loi tout en se prélassant à ne rien faire. Les uns jugeaient inadmissible de démolir une si jolie bâtisse, l'une des plus anciennes du coin, et d'en éventrer le jardin; et tout ce gâchis, pourquoi? Pour un ruban de bitume, un de plus, qui fournirait aux automobilistes une nouvelle occasion de se tuer ou de tuer leur prochain. D'autres songeaient à ce qu'il en coûterait de modifier les plans originels, et d'acheter encore de nouveaux terrains. D'autres enfin affirmaient que l'Etat, en

matière d'expropriation, jouissait de droits exor-
bitants, et qu'il était bien temps d'y mettre le
holà. Et toute cette discussion, qui flambait à
présent en ville, était reprise ici, le long de la
clôture blanche, du premier au dernier piquet.
La nuit tombante seule y mit fin. Mais jusqu'à
une heure avancée le lent défilé des véhicules,
longeant au ralenti les lieux du litige, fit savoir
aux grévistes de la faim que la localité était à
présent tout entière au courant de ce qui se
tramait là.

Ce soir-là, à l'heure approximative où le restant de la ville devait être en train de dîner,
Culver Williamson se fit brusquement agressif.
C'était un garçon très populaire, bon élève, sportif accompli, et sa minute d'hystérie prit tout le
monde de court.

Dans le soir tombant, humide de rosée
naissante, il prit soudain Ganesh à partie.
– Mais enfin, bon sang! C'est complètement dingue! Qu'est-ce que je fous ici, moi? Tu peux me le
dire ou quoi?

Comme Ganesh ne répondait rien, sa fureur
redoubla. Il répéta sa question.
– Alors, quoi, tu me réponds? A quoi ça rime,
tout ça? Voilà une heure que je suis assis ici, le
derrière par terre, à ne penser absolument qu'à
une chose : manger! Et pour quoi? Pour quoi?
– Peut-être parce que tu estimes que ça en vaut
la peine, suggéra Ganesh sans élever la voix.

298

– La peine! La peine! Je me demande bien comment ça pourrait en valoir la peine, de rester assis là, tous, à crever de faim, devant une vieille bicoque, à attendre d'avoir tellement faim qu'on finira tous par rentrer chez nous, et que la pauvre baraque se fera bousiller de toute façon! Ça ne tient pas debout, cette histoire! Qui a décidé qu'on devait faire ça, au fond? C'est toi, non?

– Si la décision ne vient pas de toi, il vaut mieux que tu repartes.

Culver se tut un instant, le temps de digérer ce conseil brutal. Enfin, dans la pénombre bleutée, il s'adressa, en bloc, à tous ses camarades:

– Moi, je ne sais pas, pour vous autres; tout ce que je peux dire, c'est que pour moi, au début, ce n'était rien qu'une aventure, un jeu. Pas pour vous?

Un murmure d'approbation lui répondit.

– Seulement, ce n'en est plus un.

– Ça non, reconnut quelqu'un, ça n'a plus rien d'un jeu.

– Mais alors? Qu'est-ce que c'est?

Nul ne répondit, pas même Ganesh. Au bout d'un moment, l'un après l'autre, en silence, les satyagrahis se levèrent pour regagner leurs chambres.

– Culver, dit Ganesh en se levant. C'est toi qui prends le premier tour de garde.

A une heure du matin, Culver regagna l'étage

299

pour aller réveiller Tom qui devait prendre le deuxième quart.

Ganesh, éveillé dans l'ombre, écoutait.

– Ça va? En forme? chuchota Tom, nerveusement.

– Bien sûr que ça va! répondit Culver tout bas. Pourquoi voudrais-tu que ça n'aille pas?

– Tu sais, je crois que tu as bien fait, tout à l'heure, de poser ces questions. On en avait tous besoin.

– Tu crois?

Culver paraissait soulagé.

– C'étaient des questions que tout le monde voulait poser.

– Personne n'a pensé que j'étais un lâcheur ou je ne sais quoi?

– Non non, le rassura Tom.

– Parce que tu sais, quand j'y pense, reprit Culver d'une voix tendue, je crois que je serais un des derniers à tout laisser tomber, finalement.

Ganesh ferma les yeux, laissa échapper un soupir, et s'endormit enfin.

Chapitre 16

Le lendemain fut le jour des parents, qui s'apercevaient que l'« aventure à la maison Strepski » durait plus longtemps que prévu. Certains téléphonèrent, d'autres s'avancèrent sur la pelouse pour aller aux nouvelles. Vas-tu bien? Manges-tu bien? (A cette question, les réponses étaient évasives, les satyagrahis étant convenus de ne pas divulguer cette partie de leur action devant le grand public avant d'avoir atteint un point de non-retour.) T'amuses-tu bien, au moins? Les autorités vous ont-elles cherché noise? Ainsi, voici donc Ganesh! Eh bien, bonjour Ganesh!

Mais c'est cet après-midi-là, précisément, que fut rompu le secret entourant la grève de la faim. Un voisin en effet apporta aux grévistes le dernier numéro de *L'Express*. On se bouscula pour lire l'article, qui figurait en première page, sous le titre :

UN GROUPE DE JEUNES
PREND LA DEFENSE D'UNE VIEILLE DEMEURE

La première partie de l'article consistait en un simple exposé des faits. Puis le journaliste concluait en ces termes :

C'est le premier incident de ce genre, dans notre Etat, depuis les sit-in des années soixante, sur les campus universitaires. L'un des jeunes manifestants s'est d'ailleurs récrié contre l'assimilation de son mouvement à un « sit-in », refusant la connotation de rébellion entêtée qui s'y attache. Il préfère voir dans leur action une méthode permettant de faire éclater la vérité en cette affaire. L'idée est d'en appeler à la conscience des autorités concernées. Cependant, hier soir encore, le ministère de l'Equipement réaffirmait la légitimité, pour le gouvernement, de prendre possession de la propriété Strepski au nom de l'intérêt général, et laissait entendre que toutes les mesures étaient prises afin d'exercer ce droit en temps utile. Le gouverneur n'a fait à ce sujet aucune déclaration.

En attendant, les jeunes manifestants ont entamé une grève de la faim, jusqu'à ce que, disent-ils, les autorités aient modifié leur point de vue. Ces jeunes en sont à présent à leur cinquième jour de jeûne sévère, puisqu'ils ne consentent à absorber que de l'eau.

Ce dernier paragraphe ramena les parents affolés au pied des marches du perron – ceux qui ne pouvaient venir rappelèrent, angoissés. S'asseoir sur un perron, passe encore, mais jouer avec sa santé, non, pas question! Tous se heurtèrent à un mur de silence obstiné. Il y avait déjà cinq jours pleins que les satyagrahis souffraient de la faim pour cette maison, et leur attachement à cette cause en avait acquis une force extraordinaire et redoutable, que leurs parents ne pouvaient pas même soupçonner. Un seul d'entre eux se laissa convaincre de renoncer : un garçon de petite santé, et qui avait déjà eu de sérieux ennuis de ce côté-là. Encore ne quitta-t-il le groupe que sur l'insistance des autres, qui avaient estimé utile, en la circonstance, d'appuyer ses parents. Ganesh lui fit serment que tous les jours, matin et soir, ils l'appelleraient pour le tenir au courant, en détail. Cette promesse eut sur lui plus d'effet, apparemment, que tous les autres arguments réunis. Il alla chercher ses affaires et quitta la petite équipe – en prenant son temps. A chaque pas, ou presque, tout au long de l'allée, il se retourna pour leur adresser un signe de la main. Ses parents, silencieux et humbles, réglèrent leur pas sur le sien, jusqu'à leur voiture rangée devant le portail.

Ce jour-là, ils se sentirent plus faibles qu'affamés. Ils dormaient beaucoup, passaient sans transition d'un état de semi-conscience à un sommeil profond. Ils se recroquevillaient sur le plancher de la galerie, et laissaient les heures passer sur eux comme les courants d'air chaud de l'été. C'en était fini des jeux de cartes; ils n'échangeaient plus que quelques mots, de loin en loin. Somnolents, quasi léthargiques, ils n'accordaient pas la moindre attention au défilé croissant des curieux qu'avait drainés vers la vieille demeure l'article de *L'Express*. Une voiture de police patrouillait en permanence le long de la rue, pour décourager les éventuels agitateurs.

Ce soir-là, ils désertèrent leurs dortoirs pour s'installer sous la galerie, où ils avaient traîné couvertures et sacs de couchage. Seule tante Betty, à pas lents, s'achemina jusqu'à son lit.

Ce fut une nuit chaude et humide, une nuit qui rappelait à Ganesh les nuits de son village, les discussions avec son père sous le vieux figuier, par une chaleur si intense que le moindre mouvement vous mettait en sueur. Par une nuit comme celle-ci, les deux mondes lui semblaient

304

se fondre – celui de la petite ville américaine et celui du village indien; avec ces camarades étrangement si proches, il ne risquait plus de se sentir seul ou étranger, ici. Le chant des grillons dans l'herbe parachevait ce sentiment d'unité profonde : ce crissement acidulé avait fait partie de toutes les nuits de son enfance. Chaque nuit, au village, le chant des grillons élevait vers le ciel, à la verticale, son épaisse forêt de stridences, et voilà qu'au jardin, dans l'obscurité croissante, s'élevait le même faisceau touffu de sons intenses et suraigus – le monde n'était qu'un.

Le jour suivant se déroula selon la même trame monotone. La faim les importunait moins, supplantée désormais par une impression d'exténuement total, d'engourdissement, voire de paralysie. Ils restèrent groupés sous la galerie, pareils à ce bétail passant des heures entières prostré à l'ombre, dans l'accablante touffeur de l'après-midi indien. A les voir ainsi affalés, adossés contre le mur, couchés en chien de fusil ou étendus sur le dos, inertes, Ganesh croyait retrouver cette sorte d'hébétude qui venait assommer le village, quand les grosses chaleurs de l'été vous coulaient du plomb dans les membres, et que seuls restaient en éveil, sous le feu des heures torrides, les lézards et les oiseaux. Son père lui avait parlé, un jour, des tours que pouvait jouer le jeûne au corps et à l'esprit, mais c'était une chose que d'en entendre parler, une autre que de les vivre. Comment donc pouvaient faire ses camarades américains pour résister finalement si bien? Lui du moins avait appris à méditer, à se maîtriser, apaiser son esprit, si bien qu'il n'avait pas trop de peine à surmonter ces vagues de panique qui ne manquaient pas de venir l'assaillir, et lui souffler de renoncer. Mais ses compagnons, manifestement, arrivaient à faire preuve de la même force de volonté. Il lui vint à l'esprit que sans eux, de toute façon, méditation ou pas, lui-même n'aurait pas pu tenir. Peut-être au fond était-ce ce qui les rendait forts : le simple fait d'agir ensemble.

Cela dit, la privation de nourriture n'était pas miraculeusement devenue un acte tout simple et allant de soi. Ce soir-là, subitement, Brad Hoover se mit à proclamer que tout cela ne servirait à rien. Leur grève de la faim échouerait, parce que les pouvoirs en place avaient la partie belle : il leur suffisait d'attendre tranquillement.

– Tout ce qu'ils ont à faire, c'est de nous regarder crever de faim.

– Dis, tu penses bien qu'ils ne peuvent pas faire ça, protesta sans conviction Tom Carrington.

– Tout à l'heure, poursuivait Brad, je nous voyais tous allongé sur ces planches, et voilà les flics qui arrivaient, avec des tas d'autres gens, et qui nous retournaient du pied, pour voir si on vivait encore. Et y avait quelqu'un qui disait : « Ils sont allés trop loin ces gosses, c'est fini, ils ont passé le point de non-retour! »

– Je n'ai plus tellement l'impression d'avoir faim, moi, fit observer Helen Soderstrom après un long silence. Non, vraiment, je n'ai même plus faim. Est-ce que c'est normal? Qu'est-ce que ça veut dire, quand on n'a plus faim? Qu'on est en train... de mourir?

– Au bout d'un certain temps, c'est vrai, la faim vous quitte, expliqua Ganesh. On devrait tous se sentir mieux, bientôt.

– Comment le sais-tu?

– Par mon père. Une fois, il avait jeûné vingt et un jours, quand il était avec Swamiji.

– Et il s'en était tiré comme ça, sans ennui?

– Non, reconnut bien franchement Ganesh. Il y avait attrapé des ennuis de reins. Il lui fallut un bon bout de temps avant de récupérer sa santé... Mais c'était drôlement long, aussi, comme jeûne.

– Et nous? Combien de temps ça va durer? s'interrogea une voix dans l'ombre.

Ganesh ne répondit pas. Une question rôdait parmi eux, en suspens : « Allons-nous nous rendre malades, nous aussi? »

Chapitre 17

Ganesh avait dit vrai. Le lendemain, tous se sentaient mieux. Ils eurent un regain d'énergie, et les assauts de la faim cessèrent pour tout de bon. La fatigue même semblait les avoir quittés. Ils descendirent au jardin, s'extasiant sur les fleurs, sur de simples brins d'herbe, comme s'ils voyaient cela pour la toute première fois.

Ils ne cessaient de s'émerveiller de ce sentiment de bien-être qui était le leur à présent.

– Oui, leur dit Ganesh, c'est un peu comme si on avait brûlé à l'intérieur tout ce qui n'était pas bon. On se sent plus léger, plus libre. Mon père m'avait expliqué.

– Ouais, n'empêche qu'après ça il était tombé malade, lui rappela judicieusement quelqu'un.

Vers midi, le ciel s'obscurcit, baignant le jardin d'une lumière grise annonçant la pluie, qui faisait ressortir plus encore le vert vif de l'herbe et des feuilles. Bientôt une petite pluie, fine d'abord, mais régulière, se décida à tomber, consignant

308

les satyagrahis sous les arcades de la galerie. On se blottit contre le mur de la maison, tandis que la pluie tombait, chantante, parant de reflets inédits le ciment de l'allée.

Personne n'avait envie de dormir. Leur énergie toute neuve les faisait piaffer d'impatience, confinés qu'ils étaient sur ce rectangle de planches par la pluie qui battait à présent le jardin.

Tom Carrington pesta soudain que c'était bien le pire de tout.

Il se retrouva le point de mire de toute la troupe.

– Oui, de rester comme ça à ne rien faire, expliqua-t-il. Rester assis, les bras ballants, moi je n'y suis pas habitué.

– Ça, moi non plus! renchérirent d'autres.

Et tous contemplaient fixement la pluie, trop imprégnés d'esprit communautaire pour songer seulement à rentrer dans la maison, chacun pour soi. Il fallait rester sous cette galerie, derrière les barreaux de la pluie.

– Il y a une solution, pour ne pas trop s'énerver, dans ces cas-là, déclara Ganesh.

Un petit rire lui répondit :

– Encore un truc indien?

Il opina gravement :

– Oui, c'est de méditer et d'apaiser son esprit.

– Et où est l'intérêt, au juste?

– L'esprit est comme un singe, dit Ganesh. Tou-

jours en mouvement. Si vous parvenez à l'immobiliser, vous ne vous énerverez plus.

— Et alors?

Ganesh réfléchit un instant, cherchant une
réponse à cet « et alors? » gênant. Il lui vint à
l'idée, soudain, que la méditation devait être une
expérience du même ordre que celle qu'il avait
éprouvée sur les eaux de la Cauvery.

— Et alors, dit-il, vous avez l'impression de faire
partie de tout. Vous êtes ici et ailleurs et partout.
Nous sommes ici et ailleurs et partout.

Personne ne dit rien.

— De toute façon, poursuivit-il avec un soupir, la
méditation, c'est probablement l'exercice le plus
difficile au monde.

— Et toi? voulut savoir quelqu'un. Tu y arrives?

— Un peu seulement, reconnut-il.

— Par quoi commences-tu, quand tu essaies de
t'y mettre?

Il s'assit dans la position du lotus – jambes
croisées, les talons reposant sur la cuisse opposée – et plaça ses mains, la paume en l'air, sur ses
jambes croisées.

— Et là, on ferme les yeux, dit-il.

— C'est tout?

Il rit.

— Ça pourrait suffire. Mais c'est rudement dur.

— Pourquoi?

— Essaie voir.

Ils essayèrent tous. Aucun d'eux ne pouvait

vraiment prendre la position du lotus, qui réclame une certaine souplesse. Ils s'assirent donc en tailleur, avec un talon sur la cuisse opposée, dans la position du demi-lotus. Ils tournèrent leurs paumes de mains vers le haut, dans le creux de leurs jambes croisées, fermèrent les yeux et... méditèrent. Au bout de deux minutes, l'un d'eux pouffa de rire, contaminant toute l'assemblée. Chacun rouvrit les yeux et regarda tout autour de lui, rigolard.

– Ouais, je vois ce que tu veux dire, avoua Tom, penaud. Ferme les yeux, et les idées continuent de te trotter dans la tête, bon train!

– Comme un singe en cage, conclut Ganesh en riant.

– Bon, alors, comment fait-on pour les calmer un peu?

Ganesh expliqua qu'il existait différentes méthodes. On pouvait répéter indéfiniment un mantra – des dizaines, des centaines de fois sans s'arrêter. Ou bien on pouvait se poser continuellement une question : « Qui suis-je? », de pair avec une autre question : « Qui demande ici qui je suis? », et poursuivre ces deux questions comme un chasseur poursuit un gibier. Ou encore on pouvait imaginer un visage aimé, et concentrer dessus toute son attention.

– Comme le visage de Jésus? demanda Helen Soderstrom.

– Par exemple, dit Ganesh.

Il n'ajouta pas que, dans son village, ceux qui s'efforçaient de méditer s'attachaient plutôt au visage de Shiva, Vishnu ou Shakti.

– Et toi? voulut savoir Lucy Smith. Quelle méthode utilises-tu?

– Moi? J'observe ma respiration.

Plusieurs satyagrahis s'esclaffèrent.

– Si, c'est ce que j'essaie de faire, affirma Ganesh. Il faut rester immobile, les yeux fermés, et s'imaginer qu'on suit des yeux l'air qu'on respire, tel qu'il pénètre par le nez, descend dans tout le corps, puis repart par le nez. On le voit entrer et ressortir, entrer et ressortir, et on ne fait rien d'autre que de le suivre des yeux. Et si la pensée s'échappe, et s'amuse à refaire le singe, on la ramène à ce souffle d'air qui entre et sort, toujours.

Quelqu'un demanda si la méthode était efficace.

– Pour moi, un peu, fit Ganesh. Mais c'est une question de patience. Elle doit marcher pour n'importe qui, avec le temps. Avec beaucoup, beaucoup de pratique. On finit par n'avoir plus besoin de surveiller son souffle, l'esprit se fixe et ne bouge plus, comme la lumière du soleil. Essayez donc encore.

Et chacun tenta l'expérience, à sa manière; mais cinq minutes n'étaient pas écoulées que le premier accès de fou rire fusait, et bientôt tous racontaient, à qui mieux mieux, ce qu'avait donné cette brève expérience. Ganesh écoutait, croyant s'entendre lui-même, chez son maître de yoga, lors de ses premières leçons; c'étaient les mêmes découvertes, les mêmes difficultés que celles qu'il avait connues alors. Ils avaient comme lui la conscience en alerte, prête à se laisser distraire par le moindre détail; un rien suffisait alors à vous déconcentrer : le bruit de la pluie, une mouche se posant sur vous, un souvenir ou un souci resurgissant soudain, voire ce simple constat au second degré : « En ce moment, je suis en train d'essayer de ne penser à rien... »

Mais lui, au village, dans le milieu où il vivait et avec l'aide de son gourou, il était à bonne école pour apprendre la patience, et sans doute avait-il plus de ressources, sur ce plan-là, que n'en disposaient ses camarades américains. C'est du moins ce dont il fut persuadé jusqu'au soir. Mais le soir venu, comme la pluie venait de cesser et qu'il se baladait au jardin, Culver Williamson vint le rejoindre dans l'herbe mouillée.

– Tu sais, à propos de méditation, tout à l'heure, chuchota Culver comme s'il s'apprêtait à une confidence inavouable. J'ai l'impression que j'y suis arrivé, quelques instants. Pendant un moment, tu vois – du moins, il me semble –, je crois bien que mon esprit s'est fixé. Si tu veux, j'ai cessé de penser à tout à la fois. Je n'ai plus

313

rien fait d'autre que d'observer mon souffle. Enfin, je crois que c'était le cas.
– Quelle impression cela t'a-t-il laissée?
– Oh, ça ne ressemblait à rien que je connaisse. Mais c'était bon. Dommage que ça n'ait pas duré plus longtemps...
– Alors, tu as bel et bien dû y arriver un peu, dit Ganesh, se souvenant du jour où son maître de yoga lui avait dit la même chose.

Mais il renonça à expliquer à ce sportif aguerri que ce qu'il venait d'accomplir là était sans doute aussi difficile que tous les exploits qu'il avait réalisés jusque-là sur un terrain de sports.

Chapitre 18

Au matin, l'un après l'autre, les satyagrahis se traînèrent à l'étage pour y prendre leur douche – le substitut quotidien du petit déjeuner – puis revinrent tous à la galerie, que par ailleurs ils ne quittaient guère. En fait, curieusement, ils n'en occupaient pas toute la surface, mais seulement le centre et l'aile ouest; la partie est demeurait déserte, tandis qu'ils s'agglutinaient sur l'autre moitié, comme les invités du Chapelier Fou, dans *Alice au Pays des Merveilles*.

Voyant Ganesh quitter la galerie pour descendre à la boîte à lettres, Lucy Smith se leva pour le rejoindre.

– Helen m'inquiète, lui dit-elle en chemin. Elle a les mains qui tremblent.

– Lui as-tu demandé comment elle se sentait?

– C'est bien ce qui m'inquiète le plus. Elle m'a répondu qu'elle allait très bien, et si tu avais vu ce regard qu'elle m'a lancé...

– Si elle est malade, il faut qu'elle arrête.

– M'étonnerait qu'on arrive à l'en persuader.

– On pourrait peut-être contacter ses parents?

– Fais-le, et tu verras : elle ne nous parlera plus de sa vie. Je la connais.

Ganesh s'immobilisa et regarda Lucy.

– Tu en es sûre?

– Helen est petite et n'a pas l'air bien solide, comme ça, à la voir. N'empêche que je ne m'amuserais pas à me mettre en travers de son chemin.

Ganesh fixait éperdument une irrégularité du ciment de l'allée. Son père lui avait toujours dit que lorsque l'on ne comprenait pas entièrement une situation, le mieux était d'attendre la suite.

– Que faire? demanda Lucy. Attendre la suite?

Ganesh réprima un sourire.

– Je crois que c'est la meilleure solution, dit-il. Attendons de voir la suite.

Il ouvrit la boîte à lettres et en extirpa le courrier – un magazine et une lettre. Une lettre de l'Inde, une lettre de Rama!

« Ne la lis pas tout de suite », s'ordonna-t-il aussitôt, sans même réfléchir. Il n'aurait pas su dire pourquoi, mais quelque chose lui dictait de garder cette lettre en réserve, pour un autre moment. Quand la lirait-il? Il ne le savait pas. Mais il devait la garder intacte pour l'instant.

A peine avaient-ils regagné la galerie, Lucy et

lui, qu'un gros monsieur, d'un certain âge, remonta l'allée en se dandinant et vint se poster au pied du perron.

– Mme Strepski est-elle ici? demanda-t-il en épongeant avec un mouchoir la sueur qui faisait reluire son front chauve. Dites-lui que M. Patton voudrait lui parler.

Peu après, tante Betty apparut, pâle et l'air exténuée. D'un pas chancelant, elle gagna la balancelle et s'y installa.

– Bonjour, Bruce, dit-elle d'une petite voix. Venez donc vous asseoir.

– Non merci, Betty, mais je ne fais que passer, aujourd'hui. (Du bas des marches du perron, il l'étudiait d'un œil critique.) Vous n'avez pas l'air en grande forme.

– Je me sens bien.

– Oui, naturellement. C'est cette grève de la faim, n'est-ce pas? (Il jeta un regard lourd de reproches à la petite troupe d'adolescents massée à côté, sur une aile de la galerie.) J'ai eu un coup de fil, hier au soir, du commissaire Walton.

– Voilà qu'à présent il appelle mon avocat? s'étonna tante Betty. Serait-il prêt à entendre raison?

– Certes pas la raison que vous aimeriez lui voir entendre, Betty, la détrompa M. Patton. Mais il est furieux que vous ayez accordé un entretien à la presse.

– Moi, je suis ravie que *L'Express* ait jugé bon de

317

nous dépêcher un de ses envoyés. C'est une bonne publicité, qu'ils nous ont faite là. Voilà qui devrait remuer l'opinion publique.

— En fait de remuer, c'est plutôt les fureurs de Walton que cet article a soulevées. Maintenant, écoutez-moi une petite minute, Betty. (Sa voix se fit onctueuse, persuasive.) Il ne faut absolument pas poursuivre cette affaire-là. Cela ne servira strictement à rien, vous n'avez pas la plus petite chance de l'emporter. Ça, Walton me l'a dit et redit. Pourquoi ne pas m'avoir consulté d'abord? Et à votre âge! Une grève de la faim!

— Gandhi le faisait bien, et même plus âgé.

— Certes, mais Gandhi était un de ces petits hommes secs comme on en voit en Inde... (Visiblement, cette remarque venait de lui faire penser à quelque chose, et il se tourna vers les adolescents.) Lequel est Jeffrey? demanda-t-il, s'adressant toujours à tante Betty. Et... euh... ne serions-nous pas mieux à l'intérieur, pour parler?

— Inutile, dit tante Betty. Tout ce que nous avons à nous dire peut parfaitement être dit devant mes amis.

— Ah, vos amis..., répéta-t-il, non sans condescendance. Bien, si vous l'entendez ainsi...

Du regard, il balayait les satyagrahis.

— Oui, j'aime autant, confirma tante Betty.

— Parfait... Le commissaire Walton m'a assuré

avoir pris toutes dispositions pour votre reloge-
ment dans un fort bel appartement (deux chambres et tout le confort) du tout récent immeuble
de Vine and Second. Vous savez, celui qui vient
tout juste d'être mis en location?

– Je vois.

M. Patton eut un gloussement de gaieté for-
cée.

– Les gens se bousculent pour louer là-bas. Mais
pour vous, tout est déjà arrangé. Pour vous et...
(il s'était retourné, cherchant des yeux, parmi le
groupe, un adolescent ressemblant vaguement à
sa cliente)... pour vous et votre neveu.

Mais tante Betty enchaîna sans hésiter :

– Dites à Walton que je le remercie bien sincèrement. Dites-lui également, si ma santé lui tient
tellement à cœur, d'acheter plutôt le terrain de
ce restaurant d'à côté à la puissante chaîne qui le
possède, et de me laisser ma maison.

« Bon sang, elle a du cran », se dit Ganesh.

– Est-ce là votre décision? s'enquit l'avocat.

– Je ne reviendrai pas là-dessus.

– En ma qualité d'avocat, je vous conseille pourtant fortement d'accepter l'offre de Walton. Vous
ne pouvez pas gagner cette bataille. Même avec
leur aide à eux. (Il s'était de nouveau tourné vers
Ganesh et ses camarades, et les foudroyait du
regard.) Tout ce que vous y gagnerez, c'est de
vous mettre à dos les autorités qui tentent de
vous venir en aide – et d'y ruiner votre santé.

319

C'est l'évidence! Ai-je vraiment votre dernière parole?
– Oui, Bruce. Je n'en démordrai pas.
Le petit groupe ne put se retenir de lancer des vivats, tandis que l'avocat, vaincu, redescendait lourdement l'allée.

Chapitre 19

Cette nuit-là, une nuit de lune, Ganesh resta longuement éveillé, adossé contre la balustrade de la galerie, jambes allongées, son regard errant sur ses compagnons endormis. Un moment auparavant, il s'était éveillé d'un profond sommeil, reprenant conscience brusquement, comme un animal subitement conscient d'un danger. A présent, apaisé, il contemplait la masse indistincte de ses camarades entassés pêle-mêle sur le plancher, profondément endormis. Il se disait qu'il les admirait : on aurait pu croire que la maison était à eux, tant ils mettaient d'acharnement à la défendre.

La lune. Ses rayons se coulaient, obliques, à travers la claire-voie de la balustrade, zébrant de lumière le plancher. La lune. Combien de fois s'était-il assis avec son père, dans cet éclairage, sous le vieux figuier de leur jardin ? Les dernières nuits de la maladie de son père, il le réalisait soudain, avaient été baignées de cette lumière.

C'est sous cet éclairage qu'il avait écouté son père tenter de résumer l'essentiel de l'expérience de toute une vie... Une chose dont il n'avait jamais parlé, c'était de l'amitié – de la beauté de l'amitié. Pourquoi? Peut-être parce qu'il était, au fond, resté malgré tout l'étranger, dans son pays d'adoption. Oui, il était resté seul, seul pour étayer sa nouvelle vie, ses nouvelles croyances, sans l'aide du passé; et, après la mort de sa femme, sans personne non plus pour l'aider au présent. Le Swami n'avait jamais été ce que l'on appelle un ami. Tous deux avaient vécu ensemble une expérience différente. Ils recherchaient Dieu côte à côte, mais sans ressentir l'un pour l'autre ce que Ganesh à présent ressentait pour ses compagnons d'Amérique, ce qu'il espérait qu'eux ressentaient pour lui. Ganesh avait découvert l'amitié, sans l'aide de son père. La sagesse paternelle, d'ailleurs, ne l'avait que peu touché, si bien qu'il lui restait à trouver – et à chérir – sa propre vérité. Le clair de lune baignait de biais l'océan silencieux de ses camarades endormis, d'une lumière argentée, fantomatique. Ganesh leva les yeux vers la toiture de la galerie. Plus haut se dressaient, il le savait, les deux autres étages de la demeure, le toit à angles aigus, et la girouette de fer forgé veillait sur toute la propriété. Cette haute maison, songeait-il, abritait des quantités d'âmes. De vivants et de dispa-

322

rus. Ganesh ferma les yeux. Il ne fit pas l'effort de se concentrer sur son souffle, ni de réciter un mantra, mais laissa plutôt sa conscience errer à l'aventure. Il se sentait entouré. La maison vivait, riche de présent comme de passé.

Chapitre 20

Le lendemain matin, peu après le lever du jour, il y avait déjà du monde derrière le portail blanc. A en juger d'après les apparences – salopettes, cotonnades bariolées, teint fleuri –, ces nouveaux visiteurs, pour la plupart, devaient être des agriculteurs. Une matrone de forte carrure, aux jambes plus que robustes, s'avança bientôt dans l'allée, chargée d'un énorme bouquet de fleurs. Les adolescents se hâtèrent d'aller chercher tante Betty. La porteuse de fleurs attendit patiemment au pied des marches du perron, serrant fort son bouquet dans sa grosse main râpeuse.

– Bonjour madame! s'écria-t-elle, lorsque tante Betty apparut.

Et d'un bras raide elle tendit son bouquet.

Lucy sautilla au bas des marches, saisit le bouquet en souriant, et courut le placer dans les bras de tante Betty, qui alla s'écrouler dans la balancelle.

– Merci, merci, murmurait tante Betty. C'est vraiment trop gentil à vous, ajouta-t-elle en plongeant son nez dans les fleurs.

– Mon mari et moi tenions simplement à vous dire que nous n'aimons pas ce que l'Etat veut vous faire. La terre, c'est la terre. Quand vous habitez dessus, elle est à vous, il n'y a pas à sortir de là – et tout ce que peut raconter un juge n'y change rien. Du moins, c'est ce qu'on nous a appris, et nous avons toujours vécu avec cette règle-là. Alors, nous voulions vous dire que nous sommes de tout cœur avec vous. Que le ciel vous vienne en aide, et bonne chance!

Là-dessus, sans attendre de réponse, elle tourna les talons et repartit.

– Allons, c'est bon signe, ça, fit observer Lucy Smith lorsque la grosse dame eut disparu de leur champ de vision. Ça veut dire que les gens commencent à savoir ce que nous faisons, et pourquoi.

– Tu comprends, expliqua Tom à Ganesh, ici, c'est un Etat qui comporte une majorité d'agriculteurs. L'opinion des agriculteurs, les politiciens savent que ça ne compte pas pour du beurre.

Des agriculteurs, Ganesh en connaissait aussi, et il lui semblait les comprendre. Toute sa vie il les avait vus, courbés sur leurs champs, ou marchant dans la boue derrière les bœufs attelés à la charrue, ou se rendant au marché, l'air

325

épuisé, juchés sur la cargaison de sacs de riz qu'ils venaient de charger dans un char à bœufs, pour aller la vendre. Il savait aussi combien les paysans aiment la terre et la respectent.

– Oui, approuva-t-il, ça m'a l'air bon signe.

Mais cette journée entamée sur une note optimiste ne se poursuivit pas aussi gaiement. L'euphorie s'effaça bientôt pour faire place à un sentiment général d'épuisement. Les satyagrahis étaient à la fois atones et surexcités, ils mouraient d'ennui et se sentaient pourtant trop harassés pour se livrer à une quelconque activité. Les heures se traînaient les unes après les autres, lourdes, impitoyables. Le petit groupe se resserrait sur lui-même, se recroquevillait, de plus en plus abattu et déprimé, comme pour mieux partager cette nouvelle et rude expérience – une sensation terrible de vide. Certains tentèrent de méditer, mais ils abandonnèrent vite. Ganesh lui-même ne put y parvenir. Il s'en était douté, d'ailleurs. Son père lui avait dit combien la méditation était un art difficile à manier; on pouvait parfois croire accéder à cet état sans peine aucune, et voilà que soudain il se dérobait, et l'on se retrouvait plus mal à l'aise encore qu'avant d'avoir tenté de l'atteindre.

Un incident déconcertant se produisit dans le courant de l'après-midi, qui acheva de les dérouter. Ils étaient tous groupés sous la galerie (à l'exception de tante Betty, qui ne quittait plus

326

guère sa chambre), lorsque Helen Soderstrom, brusquement, se mit à sangloter. Ils firent cercle autour d'elle, tentèrent de la consoler, mais elle les envoya tous promener comme s'ils étaient ses pires ennemis.

– Fichez le camp, vous! sanglotait-elle de plus belle, recroquevillée dans un coin. Puis elle murmura, entre deux hoquets, à plusieurs reprises : « J'aime cette maison, oh, je l'adore! »

Après quoi elle se tut et cessa de pleurer, fixant obstinément le mur devant elle.

Ganesh alors songea à tirer de sa poche la lettre de Rama, qu'il n'avait toujours pas lue. Il lui fallait briser le mauvais sort, tirer Helen de son désespoir, un désespoir qui les hantait tous, même s'il n'était pas encore apparent.

– Ecoutez, dit-il en décachetant l'enveloppe. J'ai ici une lettre de l'ami que j'avais là-bas, au village.

Et il se mit à lire lentement, tandis que dans un arbre tout proche pépiaient trois ou quatre moineaux, et qu'un insecte en vol, de temps à autre, explorait l'espace ouvert de la galerie.

« *Cher Ganesh,*

« *J'ai été très heureux de recevoir de tes nouvelles et d'apprendre que tu vas bien. Toute ma famille t'envoie son meilleur souvenir. La saison chaude est terminée, nous avons à présent un peu de brise dans la soirée. Subramanian s'est cassé la jambe la* semaine dernière en sautant d'un tas de foin. Il ne savait pas que sous la paille de riz il y avait une grosse pierre pointue. Hier, Vasu et moi sommes allés chasser la vipère, mais nous n'en n'avons attrapé qu'une. Il n'a pas l'œil, comme tu l'avais toi. Tu te souviens, quand nous traversions un champ, parfois, tu disais : "Là!" Et moi je regardais, sans rien voir du tout. Mais dès que nous faisions un pas de plus, la vipère aussitôt se remettait en mouvement.

« Tu me manques, tu nous manques à tous. Nous nous amusions si bien ensemble, toi et moi surtout! Je ne te laisserai pas oublier le village, ni nous oublier tous. Mais je vois, d'après ta lettre, que tu es en train de te faire de bons amis, et j'en suis très content aussi. L'autre jour Subish – tu te souviens de Subish – m'a arrêté pour me demander de te transmettre son bon souvenir. Tu vois, tu as des amis ici comme là-bas. L'autre nuit, j'ai rêvé de toi; tu étais revenu, avec des gens que je ne connaissais pas, mais tout le monde souriait. C'était un bon rêve, tu ne trouves pas? Ecris-moi.

Ton ami,
Rama. »

– Il a l'air sympa, murmura quelqu'un.

Helen Soderstrom venait de se redresser.

Chapitre 21

A la nuit tombante, ils se blottirent plus près encore les uns des autres, Quelqu'un demanda dans la pénombre :

– Au fait, il y a combien de temps qu'on est là, déjà?

Personne ne répondit aussitôt.

– Hé, on n'a même pas compté les jours?

– Il va y avoir onze jours que vous êtes là, les informa Ganesh.

Un sifflement très bas salua cette nouvelle.

– Ganesh? Tu peux venir une minute, s'il te plaît?

C'était Lucy, dans l'embrasure de la porte, qu'elle maintenait ouverte pour laisser entrer Ganesh.

Sitôt qu'il fut près d'elle, Lucy lui souffla nerveusement :

– C'est pour ta tante; ça ne va pas du tout.

Ils montèrent à l'étage. Tante Betty était étendue sur son lit, pantelante, les traits tirés. Elle

329

n'avait pas la mine hagarde, mais le visage con-
gestionné.

Ganesh s'assit au bord du lit et lui prit la main.
Elle était brûlante.

– Ma tante, il faut voir un médecin.

– Pas question d'abandonner maintenant, dit-elle
faiblement, le regard étincelant, soulevant sa tête
à demi.

– Il faut voir un médecin, ou nous abandonnons
tous.

Tante Betty darda sur lui un regard brillant de
colère.

– Etre allé si loin et abandonner maintenant? Je
ne peux pas croire ça de toi. Non. Je ne peux pas
croire ça de toi! (Ses lèvres étaient tendues, sa
bouche raide, volontaire.) Abandonner, jamais!

– Non, non, nous n'abandonnerons pas, intervint
soudain Lucy en s'avançant jusqu'au lit. Votre
neveu se trompe. Nous n'abandonnerons pas –
aucun de nous n'abandonnera. Et si c'est lui qui
abandonne, nous continuerons sans lui.

Elle toisait Ganesh du même regard courroucé
que tante Betty.

Tante Betty eut un pâle sourire.

– Bien, je te crois. Alors, entendu : appelez le
docteur.

Moins d'une demi-heure après, son médecin
habituel était dans la chambre et l'auscultait,
tandis que Ganesh et les autres, anxieux, attendaient dans le couloir. Le vieux médecin de

330

famille, chenu, légèrement voûté, réapparut enfin, sa petite serviette à la main.

– Ainsi, c'est vous le neveu, dit-il à Ganesh sur un ton sévère. Eh bien, je dois dire que vous avez fait du joli travail, vous et vos camarades. Cette pauvre Mme Strepski... (De sa main levée, il faisait obstacle à toute interruption éventuelle.) Non, rien d'irrémédiablement grave – rien encore. C'est un problème de rein. Des ennuis qui se présentent chez certains individus lors d'un jeûne prolongé. Pour le moment, je peux en venir à bout, mais si elle s'entête dans cette folie... (il secouait la tête, gloussant à mi-voix)... cela risque de devenir plus grave.

– Très grave? voulut savoir Ganesh.

– Jusqu'à l'issue fatale.

Ganesh avala sa salive.

– Au bout de combien de temps cela risque-t-il d'empirer à ce point?

– Que voulez-vous que je vous dise? Nul ne saurait répondre. En pareilles circonstances, cela dépend de quantités de facteurs. Chaque individu réagit à sa manière, lors d'un jeûne prolongé. Ce peut être l'affaire de cinq jours, de deux, de... de vingt-quatre heures, peut-être. Difficile à dire. (Il empoigna soudain l'épaule de Ganesh d'une main noueuse, dotée de toute la vigueur d'une serre de rapace.) Tâchez de la convaincre de cesser cette folie.

– Elle n'acceptera jamais.

Avec un soupir d'exaspération, le médecin se remit en route vers l'escalier.

– Moi, je ne peux donner que des conseils, pas des ordres.

Et il quitta les satyagrahis qui restèrent un instant plantés dans le couloir, muets, déconcertés.

– Il vaudrait mieux tout arrêter, dit enfin une voix.

– Ah non! non! réagirent les autres avec ensemble.

– Jamais, marmotta Culver Williamson entre ses dents.

Ganesh les observa un instant, puis il retourna dans la chambre.

Sa tante lui adressa un petit signe de la main.

– Ce n'est rien du tout, je me sens très bien, assura-t-elle avec un pauvre sourire.

– Où est l'intérêt de cette maison, dit aussitôt Ganesh, les larmes aux yeux, s'il doit t'arriver quelque chose?

– Où est l'intérêt de cette maison? Mais enfin, Jeffrey, tu le vois bien! Cette maison est beaucoup plus qu'une maison! (Elle tapotait le rebord du lit, pour lui faire signe de venir s'asseoir près d'elle.) Elle compte, pour toi, non? Et pour eux, aussi! (Du menton, elle désignait la porte fermée, derrière laquelle les satyagrahis attendaient.) Il faut se battre pour ses convictions. Tes amis sont à présent aussi ardents à défendre cette maison que nous le sommes nous-mêmes, toi et moi. Tu n'as pas le droit de leur retirer cette cause, maintenant.

– S'il t'arrive quelque chose, dit Ganesh à voix basse, je la détesterai, cette maison.

– Déteste-la si tu veux. Cela n'empêche pas que tu doives te battre pour elle.

Il était confondu, une fois de plus, par l'indéfectible volonté de sa tante.

– Me comprends-tu? insista-t-elle, sévère.

– Non.

– Tu as démarré cette affaire en parlant de – voyons, comment disais-tu, déjà? – en parlant de prendre la vérité bien en main, de t'y cramponner. L'as-tu toujours bien en main, cette vérité?

– Oui, je crois que oui.

– Bon, alors? Assez parlé. Sors de cette pièce et laisse-moi me reposer. (Elle lui avait pris la main, et la pressait dans la sienne.) Et n'abandonne pas tout, comme ça, bêtement, pour des riens. Compris?

Il acquiesça mollement, dégagea sa main et regagna le couloir. Les autres étaient redescendus. Il les rejoignit sous la galerie, où régnait un profond silence. Il s'assit par terre, le dos contre le mur, et regarda le jardin sous la lune. Nul ne disait mot. Les mots n'étaient plus nécessaires.

Quelques minutes plus tard, la sonnerie du téléphone retentit. Lucy, qui était dans la maison, surgit bientôt à la porte et appela Ganesh.

A l'autre bout du fil s'éleva une voix douce et agréable.

« Ici, Sally Kane, de *L'Express*. Peut-être vous souvenez-vous de moi?

– Oui, merci pour l'article, répondit Ganesh.

– Je dois vous dire que vous allez sans doute faire l'objet de plus de publicité encore. C'est d'ailleurs pour cela que je vous appelle. J'ai un ami qui m'a dit qu'une chaîne de télévision compte vous envoyer des reporters pour un petit entretien, demain. Comprends-tu ce que cela veut dire?

Mais Ganesh ne répondit pas; plus rien n'importait pour lui, il ne pouvait songer qu'à sa tante.

– Cela signifie, enchaînait Sally Kane, que l'Etat va commencer à s'intéresser *très* sérieusement au problème. Un petit passage de cette affaire à la télévision, ce n'est pas précisément ce que souhaitent les officiels, tu t'en doutes. Cette émission de télé pourrait avoir une influence énorme sur la tournure que vont prendre les choses. (Elle se tut un bref instant.) Quelque chose qui ne va pas?

– Oui, ma tante est malade.

– Je vois. A cause de ce jeûne prolongé. Et alors? Qu'allez-vous faire?

– Continuer.

– C'est elle qui le veut?

334

– Oui, c'est elle. Et nous tous.

– Y compris toi?

Il hésita un long moment, puis répondit, d'un filet de voix :

– Oui. Moi aussi.

– En ce cas, bonne chance... Je sais, ce n'est pas facile...

– Oh non, ce n'est pas facile. Merci, madame.

Il raccrocha, retourna sous la galerie et annonça aux autres le projet d'émission télévisée. Aucun ne parut réagir. Ni grands hourras, ni même de commentaire. Ils étaient assis là, la mâchoire serrée, l'air intraitable. Rien ne les ferait dévier de leur résolution, rien – ni bonne ni mauvaise nouvelle. Ils resteraient là jusqu'à ce que cette maison soit assurée de rester debout.

Il s'éveilla en sursaut, dans l'obscurité presque complète. La lune avait dû disparaître de l'autre côté de la maison; seules quelques étoiles piquetaient le ciel sombre. Avait-il rêvé? Fait un cauchemar? Quelque chose l'avait secoué violemment, peut-être la crainte inconsciente de voir mourir sa tante. C'était bien beau, de placer toute sa volonté dans une conviction unique, à l'exclusion de toute autre. Mais tout de même, jusqu'à quel point valait-il la peine de défendre cette bâtisse? Il ne voulait pas perdre sa tante presque aussitôt après l'avoir trouvée. Il éprouvait le besoin de remuer. L'envie le prit soudain

335

de se lever, d'enjamber sur la pointe des pieds ses camarades endormis, et de gagner sa chambre, à l'étage.

Sa chambre était orientée à l'ouest, et la lune, par la fenêtre, venait baigner de sa lumière grise la statuette de bronze sur le coin du bureau. Son regard se posa sur la petite silhouette tarabiscotée. Etait-ce pour retrouver le petit dieu à tête d'éléphant qu'il avait ressenti le besoin de venir là? Il tendit le bras, saisit la statuette, la soupesant pour le plaisir d'éprouver son poids dans sa main, scrutant ses traits dans le clair de lune : les yeux minuscules, la trompe recourbée, les immenses oreilles, l'énorme bedaine, les quatre bras... Ici, en Amérique, cette créature disparate lui avait toujours paru saugrenue, peut-être même un peu risible – aucun rapport avec ce dieu qu'il avait prié naguère, au village. Et pourtant, là-bas, souvent, il en avait tiré un réconfort; et cette nuit-là, tout comme au temps de la maladie de son père, il avait éperdument besoin de réconfort. Alors, replaçant la statuette à l'angle de son bureau, il s'agenouilla sans y penser. Peu lui importait désormais de savoir si cet être bizarre était ou non un symbole de Dieu, s'il possédait un quelconque pouvoir ou s'il l'avait parfois ignoré ou trahi. Le dieu à tête d'éléphant était là, pour de bon, tel que le voyaient et l'adoraient depuis des siècles des millions d'êtres humains, dans les grands temples hindous, dans les sanctuaires du bord des routes, dans ces oratoires de fortune réservés aux offrandes et à la prière dans les plus humbles foyers, sur les calendriers bariolés, dans les étals des marchands de souvenirs, les jours de fête. Les gens y croyaient, et peu leur importait qui il était, peu importait qu'il eût ou non un réel pouvoir de leur venir en aide dans la détresse. Au fond, il n'y avait rien de mal à y croire. Rien. Ganesh éleva ses mains et récita un mantra au dieu dont il portait le nom. Il le fit avec conviction, sans embarras, se contentant de répéter les gestes et les paroles de tant d'hommes, de femmes et d'enfants depuis le commencement des temps. Puis, le cœur en paix, il se leva et redescendit. De retour sous la galerie, il se coucha en chien de fusil, posa son regard sur la silhouette claire de la clôture blanche, là-bas, au fond du jardin, et attendit le sommeil.

Chapitre 22

Quelque chose avait bougé. Il ouvrit les yeux et rencontra ceux de Lucy, étendue comme lui sur le plancher de la galerie. Ils échangèrent un sourire ensommeillé et s'assirent. Le restant de la petite troupe était en train de s'éveiller aussi, dans la brume grisâtre du petit matin. Une fine nappe de brouillard ondoyait sur l'herbe de la pelouse, pareille à un étang blanc, immobile. L'air vif achevait d'éveiller les dormeurs, et chacun s'étirait, bâillait, clignait des yeux.

Ganesh aussitôt monta voir sa tante. Elle dormait paisiblement, le visage détendu, le souffle lent et régulier. Il se retira sans bruit. Qu'elle dorme, qu'elle se repose le plus longtemps possible.

De retour au rez-de-chaussée, il ouvrit la porte juste à temps pour assister en silence, aux côtés du restant de l'équipe, à l'arrivée discrète d'une longue limousine noire qui se rangea le long du trottoir.

338

La silhouette qui en sortit, vêtue d'un complet à carreaux, ne leur était pas étrangère : c'était le commissaire Walton. Il était seul, cette fois, sans le moindre policier pour escorte, et la brume à chaque pas s'enroulait autour de ses jambes de pantalon. Il s'engagea dans l'allée, fit halte comme prévu au niveau du mur invisible, et scruta d'un œil grave la petite assemblée qui le suivait du regard du haut du perron. Il demanda à voir Mme Strepski.

Ganesh s'avança et expliqua que sa tante dormait encore.

– Oui, j'ai cru comprendre qu'elle était souffrante, observa le commissaire Walton. Son médecin m'a appelé. (Il fixait Ganesh d'un regard pénétrant, comme si ce sacré garçon lui avait fourni amplement matière à réflexion, ces derniers temps.) Dis-toi bien, mon garçon, que tu lui as causé bien du mal – tu as causé du mal à tous tes amis ici présents, d'ailleurs.

– Je sais, reconnut Ganesh d'une voix égale.

– Ce qui n'empêche que tu t'entêtes à vouloir continuer cette sottise de grève de la faim?

– Oui, monsieur.

Le commissaire Walton s'éclaircit le gosier.

– Bon. Eh bien, ce ne sera pas nécessaire.

Et il entreprit d'expliquer, à petites phrases courtes et concises, comme si chaque mot le faisait souffrir, que le Haut Comité de programme chargé de la conception de l'autoroute

s'était réuni la veille au soir en session extraordinaire, et qu'une modification du plan initial
avait été adoptée. Pour des raisons d'intérêt
public, le comité avait décidé d'exproprier le
terrain du drive-in d'à côté, et de placer la
propriété de Mme Strepski sous la protection
des Monuments historiques, qui se chargeraient
du même coup de sa restauration.

Il promena enfin sur les adolescents assemblés
un regard sombre et sévère :

– Et j'ai tenu à vous le dire tout de suite, afin que
Mme Strepski mette fin à ce jeûne stupide et
permette à l'Etat de se consacrer à des affaires
autrement importantes.

Sur ce, tournant les talons, il repartit au pas de
charge dans un tourbillon de brume.

Et toute la troupe suivit des yeux la longue
voiture noire qui glissa et disparut dans le petit
matin, comme de la fumée.

– Croyez pas qu'on devrait applaudir ou lancer
une grande ovation ? suggéra Tom.

Mais, au lieu de donner l'exemple, il s'assit par
terre, adossé au mur, les mains dans les poches.
Personne ne reprit son idée, mais tous s'assirent
comme lui.

– Je crois qu'on va pouvoir aller se cuisiner un
gentil petit breakfast, commenta Lucy Smith –
mais curieusement sans enthousiasme, comme si
elle ne tenait pas tellement, au fond, à voir leur
épreuve prendre fin. Ganesh, ajouta-t-elle, m'en

voudrais-tu beaucoup si c'était moi qui allais annoncer la nouvelle à ta tante?

– Qui d'autre pourrait le faire mieux que toi? répondit Ganesh, qui la revoyait encore, la veille, prendre résolument le parti de sa tante, contre lui, contre tous.

Lorsqu'elle eut disparu à l'intérieur de la maison, il descendit sur la pelouse et s'avança dans cette herbe humide de rosée, sur laquelle flottaient encore, formant un lac immobile, des vaguelettes de brume blanche. Ils avaient gagné, mais il leur faudrait quelque temps encore avant de s'en rendre vraiment compte. Ce serait pour bientôt, sans doute. En attendant le brouhaha qui ne manquerait pas de s'ensuivre, il avait le silence du matin pour lui seul. Il s'avança vers le fond du jardin; il voulait contempler la maison avec un peu de recul. A mi-chemin, il se retourna. Là-haut veillait la girouette, enrubannée de brume, ce fier coq de fer forgé que son aïeul, jadis, avait solidement arrimé à ce toit, pour proclamer au monde qu'il y avait là une terre d'accueil, un havre sûr – un véritable port d'attache, en même temps qu'un lieu de souvenir.

l'Atelier du Père Castor présente

la collection Castor Poche

La collection Castor Poche vous propose :
- des textes écrits avec passion par des auteurs
  du monde entier,
  par des écrivains qui aiment la vie,
  qui défendent et respectent les différences ;
- des textes où la complicité et la connivence
  entre l'auteur et vous se nouent et se
  développent au fil des pages ;
- des récits qui vous concernent parce qu'ils
  mettent en scène des enfants et des adultes dans
  leurs rapports avec le monde qui les entoure ;
- des histoires sincères où, comme dans la réalité,
  les moments dramatiques côtoient
  les moments de joie ;
- une variété de ton et de style où l'humour,
  la gravité, la fantaisie, l'émotion, la poésie
  se passent le relais ;
- des illustrations soignées, dessinées par des
  artistes d'aujourd'hui ;
- des livres qui touchent les lecteurs à différents
  âges et aussi les adultes.

Un texte au dos de chaque couverture vous présente les héros, leur âge, les thèmes abordés dans le récit. Vous pourrez ainsi choisir votre livre selon vos interrogations et vos curiosités du moment.

Au début de chaque ouvrage, l'auteur, le traducteur, l'illustrateur sont présentés. Ils vous invitent à communiquer, à correspondre avec eux.

CASTOR POCHE
Atelier du Père Castor
4, rue Casimir-Delavigne
75006 PARIS

325 Le Chasseur de Madrid
par José Luis Olaizola

Juan Lebrijano et sa famille quittent leur village pour s'installer à Madrid. Bientôt, il perd son emploi. Au cours d'une promenade dans un parc avec son fils Silverin, Juan a l'idée de chasser les pigeons pour nourrir sa famille. C'est défendu par la loi, et Silverin va vivre bien des péripéties, il jouera même dans un film.

326 Dégourdis à vos marques
par Edouard Ouspenski, Els de Groen

Bien des obstacles séparent Youri, soviétique, de Rosalinde, une amie hollandaise. Un concours international d'enfants modèles leur fournira-t-il l'occasion attendue ? La sélection impitoyable des candidats et la présence de voleurs d'enfants se conjuguent pour offrir un récit plein de suspense et d'humour.

327 La montagne aux secrets (Senior)
par Grace Chetwin

Dernier-né de dix enfants, Gom grandit sur la montagne avec son père bûcheron. Les gens du bourg regardent de travers ce garçon qui ressemble trop à sa mère, une étrangère. Il a l'œil trop vif, la langue trop bien pendue, et il semble savoir bien des choses pour un enfant de la montagne.

328 Petit-Jean d'Angoulême
par Chantal Crétois

Au début du XIIe siècle, Gianbatista, le sculpteur italien, arrive à Angoulême après un long voyage à cheval depuis Toulouse. À l'entrée de la ville, un jeune garçon, Petit-Jean, se propose de le guider jusqu'au chantier de la cathédrale et de lui trouver un logement. Mais la profonde affection qui les unit bientôt suscite bien des conflits avec leur entourage.

329 **Un creux dans le mur**
par Anne-Marie Chapouton

Parce que son père n'est pas revenu de la guerre, une fillette refuse d'apprendre à lire. Recueillie à la mort de sa mère par son oncle et sa tante, elle n'a pas une vie facile. Un jour, un homme s'arrête à la ferme. Aïna est certaine qu'il s'agit du voleur de troupeaux dont on parle tant. Malgré sa méfiance, une étrange relation s'instaure entre eux...

330 **Les fantômes de Klontarf**
par Colin Thiele

Matt et Terry vont jouer dans la colline. Un orage éclate, Terry tombe et se casse la jambe ! Matt laisse Terry à l'abri d'une demeure abandonnée. Lorsque les secours arrivent, Terry, prétend avoir vu des fantômes... Malgré l'hostilité des propriétaires de le vieille ferme, Matt et ses amis n'abandonnent pas. Ils vont affronter le danger pour découvrir quels mystères cachent ces vieux murs...

331 **Très chers enfants (Senior)**
par Christine Nöstlinger

Ce recueil est celui des lettres qu'Emma, âgée de soixante-quinze ans, aurait aimé adresser à sa famille. Parfois ironique, toujours drôle, le ton est celui d'une grand-mère soucieuse du bonheur de son entourage... et du sien.

332 **Un bateau bien gagné**
par Lee Kingman

Alec rêve depuis toujours d'avoir son propre bateau. Il est sûr de gagner celui de la tombola de la fête de la Mer. Hélas ! Et la vieille dame qui a gagné le canot compte le mettre sur sa pelouse et le garnir de pétunias ! Alec ne peut laisser faire une telle horreur !

333 Dans l'officine de maître Arnaud
par Marie-Christine Helgerson

À Reims, au Moyen Age, Thierry, fils d'un sculpteur veut être médecin pour guérir les lépreux. Il aime Margotte, une jongleuse acrobate. Les recherches de maître Arnaud, son professeur, progressent mal. Vivre avec Margotte ? Poursuivre ses études ailleurs ? Thierry devra choisir.

334 Pris sur le fait. Le Train des orphelins.
par Joan Lowery Nixon

En 1860, à New York, une famille irlandaise est frappée par le malheur. Mme Kelly est obligée d'envoyer ses six enfants dans le Train des orphelins vers l'Ouest. Ils sont adoptés par des familles différentes. Mike a été recueilli par les Friedrich, pour travailler à la ferme. Très vite, Mike va soupçonner M. Friedrich d'avoir commis un meurtre.

335 Ma patrie étrangère (Senior)
par Karin König, Hanne Straube, Kamil Taylan

Oya a grandi à Francfort et s'y sent chez elle. Ses parents décident un jour de rentrer en Turquie. Cette nouvelle bouleverse Oya qui ne pourra plus faire ses études d'infirmière. Et voilà que ses parents parlent déjà de fiançailles.

336 À la dérive sur le Mississippi
par Chester Aaron

Albie vit dans une vieille ferme du Wisconsin, près des berges du fleuve. Trop près, car à chaque printemps reviennent les crues. Alors qu'il est seul, le garçon se réveille en pleine nuit dans une maison flottant sur les eaux furieuses du Mississippi. Un puma, animal redouté des pionniers, se retrouve bloqué avec lui. Au milieu des eaux boueuses, Albie lutte pour sa survie.

337 Une fille im-pos-sible (Senior)
par Cynthia Voigt

À onze ans, Mina vit un rêve : un stage de danse classique. À douze ans, le rêve se brise. Son corps s'est transformé trop vite, et Mina maîtrise mal ce bouleversement. Meurtrie, elle s'interroge : seule Noire du groupe, n'est-ce pas la raison de son exclusion ? Mais Mina a de la volonté. Rien ne saurait l'arrêter, même pas le caractère d'oursin d'une certaine Dicey Tillerman.

338 Passage de la Main-d'Or
par Laurence Lefèvre

Estelle et Antoine Bonnard, leurs enfants – Victor et Indiana –, emménagent dans un vieil atelier du XIe arrondissement de Paris. Indiana rencontre un curieux jeune Anglais amnésique. D'où vient-il ? Pourquoi a-t-il si peur des chats ? Un vent de folie souffle sur le passage de la Main-d'Or.

339 Des ombres sur l'étang
par Alison Cragin Herzig

Jill et Marion se retrouvent chaque été dans le Vermont. Leur domaine secret se cache au milieu d'un étang formé par un barrage de castors. Cet été-là, les castors sont menacés par un trappeur. Les deux amies décident de protéger leur territoire.

340 Face au danger. Le Train des orphelins.
Par Joan Lowery Nixon

Ce troisième livre nous narre la vie de Maguy. Celle-ci est heureuse d'avoir été choisie par un couple plein de gentillesse, elle pense avoir enfin conjuré le mauvais sort qui s'acharnait sur elle et les siens. Pourtant de nouvelles épreuves l'attendent. Confrontée au danger, Maguy découvre son courage et sa force morale.

341 **Accroche-toi Faustine (Senior)**
par Philippe Barbeau

À la suite d'une angine, Faustine apprend que ses reins ne fonctionneront plus. Elle sera dialysée. Les mois passent, Faustine supporte mal le traitement. Il faut envisager une greffe, l'attente est longue. Par chance, avec des amis elle fonde un groupe de rock. La vie reprend quelques couleurs.

342 **Camarade Cosmique**
par Nancy Hayashi

Un message dans un livre de bibliothèque, signé *Camarade Cosmique*, Eunice, intriguée, répond par un petit mot dans un autre livre. Les messages se succèdent, mais Eunice ne sait toujours pas qui est Camarade Cosmique. Quelqu'un de son école sûrement, et qui partage sa passion pour la science-fiction. Oui, mais qui ? Eunice mène son enquête...

343 **La pierre d'ambre (Senior)**
par Patrick Vendamme

Par monts et par vaux, par pechs et par combes Guérin-le-Berger garde les moutons avec la petite Fanette. « Il a des pouvoirs, dit-on de lui au village, qu'il tient de la Jeannette ou du Malin. » Guérin ne craint rien ni personne, mais survient la variole, châtiment divin, assurément, pour punir ceux qui ont écouté Guérin-le-Sorcier...

344 **L'oiseau de mer (Senior)**
par David Mathieson

Quelque part le long des côtes de la Colombie-Britannique, un avion de tourisme s'écrase. Hélène, dix-sept ans, l'unique survivante, ne devra sa survie qu'à son courage, son astuce, et à son ingéniosité. Bientôt, elle décide de fuir à bord d'un bateau qu'elle construira de ses mains avec des matériaux de fortune, trouvés sur place.

345 **Les pires enfants de l'histoire du monde**
par Barbara Robinson

Les enfants Herdman sont vraiment les pires enfants de l'histoire du monde. Ils volent, mentent et se battent. Les filles comme les garçons passent leur temps à faire les quatre cents coups. C'est pourquoi, le jour où ils se proposent pour interpréter les rôles de la crèche de Noël, tout le monde redoute le pire. Il est certain que cette veillée de Noël sera inoubliable !

346 **Le trésor de Grand-Pa**
par Annie Murat

Le grand-père de Stéphane ne cesse de répéter qu'il possède un trésor si bien gardé que personne ne peut le lui voler. Mais Grand-Pa est malade. Stéphane et son amie Maruschka s'aperçoivent que quelqu'un a pénétré dans le chalet abritant les ruches. Maruschka décide alors de tendre un piège au voleur.

347 **Ouf ! pas de vacances cette année**
par François Schoeser

Manu ne partira pas en vacances cet été. Tant mieux ! car les parents sont adeptes des longues randonnées à pied et des visites de musées interminables. M. Martin, un nouveau voisin, se présente comme un officier de renseignement en retraite, un ex-espion en somme. Suivant ses conseils éclairés, Manu va mener des enquêtes. Voilà qui promet un été passionnant.

348 **Le mystère de la maison aux chats**
par Carol Adorjan

Beth vient d'emménager dans une vieille maison, elle a pour voisin un couple aux allures originales. La dame propose à Beth de nourrir en son absence les cinq chats qu'elle a recueillis. Mais des indices étranges intriguent Beth. Il y a quelqu'un d'autre dans la maison. Il faudra du courage et de la détermination à Beth pour mener son enquête.

UNE PRODUCTION DU PÈRE CASTOR FLAMMARION

Bibliothèque de l'Univers Isaac Asimov

**La Bibliothèque de l'Univers :
des photos surprenantes, des dessins suggestifs,
des textes vivants et parfaitement à jour qui nous éclairent
sur le passé, le présent et l'avenir de la recherche spatiale.**

> «*Mon message, c'est que vous vous souveniez toujours que la science, si elle est bien orientée, est capable de résoudre les graves problèmes qui se posent à nous aujourd'hui. Et qu'elle peut aussi bien, si l'on en fait un mauvais usage, anéantir l'humanité. La mission des jeunes, c'est d'acquérir les connaissances qui leur permettront de peser sur l'utilisation qui en est faite.*» Isaac Asimov

«*Avec cette nouvelle collection de trente-deux livres, tous les futurs conquérants de la galaxie vont s'installer en orbite autour de la planète lecture ! Isaac Asimov, un grand écrivain de science-fiction, raconte l'aventure des fusées, des satellites et des planètes. (...)
Des livres remplis d'images et de photos, indispensables pour tous les scientifiques en herbe !*»

Titres parus :
- Les astéroïdes
- Les astronomes d'autrefois
- La colonisation des planètes et des étoiles
- Comètes et météores
- Les comètes ont-elles tué les dinosaures ?
- Comment est né l'Univers ?
- Fusées, satellites et sondes spatiales
- Guide pour observer le ciel
- Jupiter : la géante tachetée
- La Lune
- Mars, notre mystérieuse voisine
- Mercure : la planète rapide
- Les mythes du ciel
- Neptune : la planète glacée
- Notre système solaire
- Notre Voie lactée et les autres galaxies
- Les objets volants non identifiés
- Pluton : une planète double ?
- La pollution de l'espace
- Pulsars, quasars et trous noirs
- Saturne et sa parure d'anneaux
- Science-fiction et faits de science
- Le Soleil
- La Terre : notre base de départ
- Uranus : la planète couchée
- Vie et mort des étoiles
- Vols spatiaux habités
- Y a-t-il de la vie sur les autres planètes ?

A paraître :
- Les programmes spatiaux dans le monde
- Vénus derrière ses voiles
- Astronomie : mode d'emploi
- Etre astronome aujourd'hui

Demandez-les à votre libraire

Cet
ouvrage,
le soixante
dix-neuvième
de la collection
CASTOR POCHE,
a été achevé d'imprimer
sur les presses de l'imprimerie
Maury Eurolivres SA
45300 Manchecourt
en mars
1992

Dépôt légal : février 1984.
N° d'Édition : 16917. Imprimé en France.
ISBN : 2-08-161786-2
ISSN : 0763-4544
Loi n° 49-956 du 16 juillet 1949
sur les publications destinées à la jeunesse